Simone Wiemken

Du und dein Pferd

So lernst du reiten

Kosmos

Inhalt

Ein Traum wird wahr – endlich Reiten lernen 4

- Auf dem Ponyhof 6
- Wer wagt, gewinnt 7
- In der Reitschule 8
- Die Qual der Wahl 8

Putzen, satteln, auftrensen – bald kann es losgehen 10

- Ein Pferd reitfertig machen 13
- Aufhalftern und putzen 13
- So wird geputzt 14
- Hufe auskratzen 16
- Den Sattel richtig auflegen 17
- So wird aufgetrenst 19

Der Anfang an der Longe – erste Glücksgefühle 24

- Endlich aufsitzen 28
- Der große Augenblick ist da! 29
- Ein tolles Gefühl! 31
- Hilfe, es bewegt sich! 32
- Der erste Trab an der Longe 33
- Reiten ohne Steigbügel 37
- Der erste Galopp 38

So versteht ihr euch – die richtige Hilfengebung 40

- Hilfe, was sind Hilfen? 42
- Die Schenkelhilfen 42
- Anreiten aus dem Stand 43

• Richtig Schritt reiten 44
• Richtig treiben im Trab 46
• Im Galopp ist alles anders 48
• Die Zügelhilfen 52
• Die richtige Lenkung 53
• Was sind überdeutliche Zügelhilfen? 55
• Für Abwechslung sorgen! 56
• Die Hufschlagfiguren 57

Das Zusammenspiel der Hilfen – so gelingt der Tempowechsel 58
• Üben, üben, üben 62
• Und wo ist die Bremse? 62
• Tempowechsel 63
• Tipps für die Reitstunde 66

Geschafft und glücklich – jetzt kommt die Pflege danach 70
• Alle absitzen 72
• Die Pflege danach 73

Testauflösungen 76

Ein Traum

wird wahr – endlich Reiten lernen

Endlich Reiten lernen

Du liebst Pferde und wünschst dir nichts sehnlicher, als endlich Reiten zu lernen? Du willst diese wunderschönen Tiere nicht mehr nur aus der Ferne betrachten, sondern ihnen ganz nahe sein? Dich von einem freudigen Schnauben begrüßen lassen, die Wärme ihres Fells spüren? Und vielleicht träumst du ja sogar davon, eines Tages ein eigenes Pferd zu haben?

Aber bevor du an ein eigenes Pferd denken kannst, solltest du versuchen, so viel wie möglich über Pferde zu lernen, und vor allem musst du natürlich gut reiten können. Du kannst auf verschiedenen Wegen einen Einstieg in die Reiterwelt finden. Wähle aus, welcher am besten zu dir passt und welche Möglichkeiten dir dein Umfeld bietet.

Auf dem Ponyhof

Hast du schon einmal Ferien auf einem Ponyhof gemacht? Das empfiehlt sich, um herauszufinden, ob dir das Reiten überhaupt Spaß macht. Auf den meisten Ponyhöfen bekommt jeder Gast für die Dauer seines Aufenthaltes sein eigenes Pony zugeteilt. Geritten wird fast immer ohne Sattel und statt strengem Reitunterricht stehen Spiel und Spaß im Vordergrund. Wenn du schon ein bisschen reiten kannst, wirst du auf einem Ponyhof herrliche Ferien verleben. Du wirst zwar nicht „richtig" reiten lernen, aber du gewinnst viel Sicherheit im Umgang mit den Ponys und lernst, dich in jeder Situation oben zu halten. Wenn du dich dann zu Hause in einer Reitschule anmeldest oder dir eine

Diese jungen Reiter genießen ihre Ferien auf dem Haflingerhof.

andere Reitgelegenheit suchst, hast du eine gute Grundlage, auf der du aufbauen kannst.

Wer wagt, gewinnt!

Gibt es bei dir in der Nähe Weiden oder Offenställe mit Ponys? Wenn du alles über Pferdepflege lernen willst, nimm deinen Mut zusammen und frag die Besitzer dieser Ponys, ob sie einen Helfer brauchen können. Wenn du dich als zuverlässig erweist, ist es gut möglich, dass du zum Dank für deine Hilfe Reitstunden bekommst. Der Vorteil dabei ist, dass die meisten dieser Ponyhalter sehr erfahrene Pferdeleute sind, von denen du viel lernen kannst. Dazu kommt noch, dass sie ihre Tiere genau kennen und wissen, welches für dich als Anfänger geeignet ist. Wenn du ein solches Abkommen mit einem Pferdebesitzer triffst, sollten deine El-

Wäre es nicht toll, gleich zwei so nette Pflegeponys wie diese Isländer zu haben?

tern zunächst mit ihm die Haftungsfrage klären. Wer haftet, wenn dir etwas passiert? Wer haftet, wenn dem Pferd etwas passiert, während du es versorgst oder reitest?

In der Reitschule

In einer Reitschule gibt es das Problem der Haftungsfrage nicht, weil diese Betriebe alle notwendigen Versicherungen abgeschlossen haben. In einer Reitschule oder einem Reitverein wird gewöhnlich Gruppen-Unterricht erteilt, was natürlich schöner ist, als nur alleine zu reiten. Es gibt sehr verschiedene Reitschulen – solche, in denen es nur Islandpferde gibt, Westernreitschulen, Ponyreitschulen –, aber am häufigsten sind wohl die Reitschulen, in denen überwiegend große Pferde und vielleicht auch ein paar Ponys für die Schüler bereitstehen.

Pferde möchten alles sehen, was um sie herum geschieht. Außerdem haben sie in solchen halb offenen Boxen immer frische Luft.

Die Qual der Wahl

Eine gute Reitschule auszusuchen, ist nicht einfach. Vielleicht reitet jemand aus deinem Freundeskreis und ist bereit, dich einmal mitzunehmen. Dann kannst du dich in Ruhe umsehen. Schau auch beim Unterricht zu. Ist der Reitlehrer nett und korrigiert er die Schüler so, dass sie seine Hinweise gut umsetzen können? Oder schreit er gar herum? Geh durch den Stall und sieh dir an, wie die Pferde untergebracht

sind. Sind ihre Boxen groß genug und haben sie vielleicht sogar einen daran angrenzenden Mini-Auslauf im Freien?

In den meisten Reitställen sind außer den Schulpferden auch Privatpferde untergestellt. In ihrer Behandlung solltest du keine Unterschiede erkennen können. Achte darauf, ob die Schulpferde genauso rund und gesund aussehen wie die Privatpferde und schau auch in die Boxen. Sind die der Schulpferde schmutziger als die der Privatpferde? Haben die Privatpferde Boxen, während die Schulpferde angebunden stehen müssen? Dürfen die Schulpferde regelmäßig auf die Weide oder müssen sie immer im Stall bleiben? Wirf auch einen Blick in die Sattelkammer. Wenn die Schulpferde alte Sättel und Trensen haben, ist das nicht schlimm, aber gerissene und notdürftig geflickte Riemen oder zerlöcherte Satteldecken sprechen nicht gerade dafür, dass du dich in einem guten Stall befindest.

So sieht eine gepflegte Sattelkammer aus.

Wenn dir bei deinem Rundgang mehrere Dinge auffallen, die nicht so sind, wie sie sein sollten, ist es besser, wenn du dir noch eine andere Reitschule ansiehst. In einem Betrieb, in dem die Schulpferde als reine Arbeitstiere behandelt werden, willst du doch sicher nicht reiten? Natürlich sind Schulpferde dazu da, Geld zu verdienen, aber dafür haben sie auch die beste Pflege verdient.

Putzen, satteln,

auftrensen – bald kann es losgehen

Putzen, satteln, auftrensen

Vor deiner ersten Reitstunde musst du einiges über Pferde wissen. Du wirst zum Beispiel lernen, dass Pferde Fluchttiere sind. Das bedeutet, dass sie weglaufen, wenn sie vor etwas Angst bekommen. Bemüh dich also immer, ein Pferd nicht zu erschrecken. Das bedeutet zum Beispiel, dass im Stall nicht gerannt werden darf. Andererseits brauchst du aber auch nicht auf Zehenspitzen herumzuschleichen, denn das würde die Pferde genauso nervös machen. Wenn du einen Pferdestall betrittst, benimm dich ganz normal und rede in gewohnter Lautstärke. Reitschulpferde sind an Menschen im Stall gewöhnt. Aber auch, wenn die Pferde einen freundlichen Eindruck machen, solltest du sie nicht einfach streicheln und auch nicht ohne Erlaubnis eine ihrer Boxen betreten. Warte, bis dein Reitlehrer oder ein anderer Reiter dir sagt, welches Pferd du reiten darfst und worauf du bei ihm achten musst. Nach und nach wirst du die Pferde in deinem Stall kennen lernen und wissen, ob du sie streicheln darfst.

Pferde sind Fluchttiere. Wenn sie etwas erschreckt, ergreifen sie die Flucht.

Du darfst dein Schulpferd natürlich streicheln – aber erst, wenn der Reitlehrer es erlaubt hat. Nicht alle Pferde sind freundlich!

Ein Pferd reitfertig machen

Es kann natürlich sein, dass dein Pferd schon in der Reitbahn oder in der Halle ist, weil es bereits eine Stunde unter einem anderen Reiter absolviert hat. Dann brauchst du es nur von ihm zu übernehmen. Wenn es aber noch im Stall steht, musst du es selbst satteln und auftrensen. Lass dir das Sattelzeug für dein Pferd zeigen, und wenn du noch nicht weißt, wie man ein Pferd sattelt und auftrenst, bitte jemanden, dir zu helfen. Am Anfang wirst du noch mehr Hilfe benötigen, aber mit jedem Mal wirst du selbstständiger werden, bis du schließlich dein Pferd ganz alleine reitfertig machen kannst.

Binde dein Pferd zum Putzen draußen an.

Aufhalftern und putzen

Bevor du ein Pferd putzen kannst, musst du es zuerst aufhalftern und anbinden, damit es nicht wegläuft. Vermeide nach Möglichkeit, dein Pferd im Stall zu putzen, weil dann alle Pferde den Staub einatmen müssen, den du dabei aufwirbelst. Binde dein Pferd lieber draußen an.

Praxistipp

SICH ARBEIT ERSPAREN!

Bevor du ein Pferd aus seiner Box holst, solltest du die Hufe auskratzen, sonst verteilt sich das Stroh aus seinen Hufen auf der ganzen Stallgasse und du musst es nachher wieder wegfegen.

So wird geputzt

Du hast zu deinem Pferd einen ganzen Kasten voller Bürsten und Striegel bekommen und weißt nicht, was du davon benutzen sollst? Das ist eigentlich ganz einfach. Schau dir zuerst dein Pferd genau an. Hat es kurzes, glattes Fell? Oder ein dichtes, kräftiges Winterfell? Für das glatte, glänzende Fell nimmst du eine weiche Bürste. Die weichen Bürsten haben meistens eine Schlaufe auf dem Bürstenrücken, durch die man die Hand stecken kann. Diese Art Bürste nennt man Kardätsche. Mit der Kardätsche bürstest du den ganzen Körper – vom Hals abwärts und immer mit dem Strich, also in Fellrichtung. Drück ruhig etwas auf – Pferde mögen es nicht, wenn man sie kitzelt! Wenn du mit der Kardätsche ar-

So sieht das Putzzeug aus. Welche Materialien du verwendest, hängt vom Fell deines Pferdes ab.

Für den Kopf darfst du nur die weiche Kardätsche verwenden und musst damit sehr behutsam umgehen.

beitest, gehört in deine andere Hand der Striegel, ein ovaler Kratzer aus Metall oder Plastik. Am Striegel streifst du während des Putzens immer wieder die Borsten der Kardätsche ab. Du wirst staunen, wie viel Staub sich im Striegel sammelt. Um ihn loszuwerden, klopfst du den Striegel auf dem Boden aus.

Verklebte Stellen im Fell oder Erdkrusten vom Wälzen sind mit der weichen Kardätsche kaum wegzubürsten. Dafür solltest du dir eine der härteren Bürsten aussuchen. Die harte Bürste nimmst du auch, wenn du ein Pferd oder Pony im Winterfell putzen willst. Hier ist die Kardätsche nicht geeignet, weil du damit zu viel von dem fettigen Staub aus dem Fell bürsten würdest, der das Pferd im Winter warm hält.

Bei der Pflege von Schweif und Mähne spielt die Jahreszeit keine Rolle. Für die Mähne nimmst du die harte Bürste – oft steht sogar „Mähnenbürste“ darauf – und bürstest die Mähne Stück für Stück durch. Leg deine freie Hand beim Bürsten mit leichtem Druck auf den Mähnenkamm, damit du möglichst wenig Haare ausreißt. Den Schweif solltest du nicht bürsten, weil dabei zu viele Schweifhaare ausgehen würden. Und es dauert sehr lange, bis Schweifhaare nachgewachsen sind! Zupfe die Schweifhaare nur mit den Fingern auseinander. Das Auseinanderzupfen der Schweifhaare nennt man auch „den Schweif verlesen".

VORSICHT, FALLE !

Sieh genau nach, ob keine Strohhalme zwischen den Schweifhaaren hängen. In vielen Reitställen ist es üblich, dass ein Reiter, der mit Stroh im Schweif erwischt wird, allen Mitreitern ein Getränk spendieren muss. Bei einer großen Gruppe kann das ein teurer Spaß werden!

Hufe auskratzen

Um die Hufe auszukratzen, stellst du dich mit Blickrichtung nach hinten neben die Schulter bzw. das Hinterbein des Pferdes. Dann lässt du deine dem Pferd zugewandte Hand mit sanftem Druck am Pferdebein hinuntergleiten. Wenn du am Röhrbein angekommen bist – das ist der dünnste Teil des Pferdebeins –, schließt du deine Hand von hinten um das Bein, ziehst leicht in Richtung hinten oben und sagst etwas wie: „Gib Fuß!" oder auch nur „Fuß!". Auf der Hufunterseite wirst du ein Dreieck aus gummiartigem Horn entdecken, das Strahl heißt. Beiderseits davon sind Rinnen, die Strahlfurchen, in denen sich am meisten Schmutz festsetzt. Den musst du mit dem Hufkratzer auskratzen. Arbeite dabei vom Ballen zur Zehe.

So machst du die Vorderhufe sauber.

Außen um die Hufsohle verläuft ein Stück vom Rand entfernt die Weiße Linie, die gut zu erkennen ist, weil das Horn dort viel heller ist. In diese Weiße Linie, die aus sehr weichem Horn besteht, drücken sich leicht kleine Steine ein, die du mit dem Hufkratzer entfernen musst. Bei einem beschlagenen Pferd ist die Weiße Linie nicht zu sehen, weil sie vom Hufeisen verdeckt wird.

Den Sattel richtig auflegen

Wenn dein Pferd fertig geputzt ist, kannst du es satteln. Kontrolliere beim englischen Sattel zuerst, ob die Steigbügel an den Riemen hochgeschoben sind und ob der Sattelgurt über die Sitzfläche gelegt ist. Hängen Steigbügel oder Sattelgurt herunter, geraten sie beim Satteln zwischen Sattel und Pferderücken, was für dein Pferd sehr unangenehm ist. Beim Westernsattel lassen sich die Steigbügel nicht hochschieben – hier hängst du einfach den Steigbügel, der dem Pferd zugewandt ist, über das Sattelhorn. Ein weiterer Unterschied ist, dass die Satteldecke beim Westernsattel nicht am Sattel befestigt ist. Du musst also zuerst die Decke auflegen. Leg sie weit nach vorn, fast auf den Hals, und schieb sie dann so weit zurück, bis du das Gefühl hast, dass sie richtig liegt. Erst dann hebst du vorsichtig den Sattel aufs Pferd und legst ihn auf die Decke.

So ist es richtig: Die Steigbügel sind hochgeschoben und der Sattelgurt liegt quer über der Sitzfläche.

Einen Sattel solltest du grundsätzlich vorsichtig auflegen. Wie hier dieses Mädchen den Westernsattel.

Beim englischen Sattel gehst du ähnlich vor, nur dass du diesmal den Sattel samt Decke weit vor der richtigen Stelle aufs Pferd legst. Schieb den Sattel dann von vorn nach hinten in die richtige Lage.

DRUCKSTELLEN VERMEIDEN !

Wenn der Sattel beim Auflegen zu weit hinten gelandet ist, darfst du ihn nicht einfach wieder nach vorn schieben! Das Pferdefell muss unter dem Sattel glatt liegen, und wenn du den Sattel von hinten nach vorn schiebst, würde es gegen den Strich aufgestellt. Davon kann dein Pferd schlimme Druckstellen bekommen.

Wenn der Sattel richtig liegt, musst du einmal um dein Pferd herumgehen und kontrollieren, ob auch auf der anderen Seite alles richtig sitzt. Nimm bei der Gelegenheit auch gleich den Gurt von der Sitzfläche herunter. Wieder auf der anderen Seite angekommen, holst du den Gurt unter dem Bauch hervor und schnallst ihn zu. Gurte anfangs nicht zu stramm – der Gurt soll nur so fest sein, dass der Sattel nicht rutscht. Außerdem musst du dich noch vergewissern, dass die Satteldecke nicht auf dem Widerrist aufliegt. Der Widerrist ist der Knochenbuckel am Übergang vom Pferdehals zum Rücken. Steck zwei Finger in die Ausbuchtung vorn am Sattel und zieh die Decke kräftig nach oben.

REIHENFOLGE BEACHTEN!

Ein angebundenes Pferd wird zuerst gesattelt und dann aufgetrenst. Steht das Pferd aber frei in der Box oder im Offenstall, kommt zuerst die Trense und dann der Sattel, damit es während des Sattelns nicht weglaufen kann.

So wird aufgetrenst

Ist die Trense für dich nur ein wirrer Haufen Lederriemen, und hast du keine Ahnung, wie du das alles richtig an deinem Pferd befestigen sollst? Keine Panik – es ist ganz einfach. Such zuerst nach dem breitesten Riemen, das ist das Genickstück. Halte die Trense daran hoch. Unterhalb des Genickstücks sitzt der Stirnriemen, der oft bunt gemustert ist. Er zeigt dir, wo vorn ist. Auf der anderen Seite liegt der Kehlriemen, das Gebiss ist an den beiden Backenstücken eingeschnallt. Der Nasenriemen (das sogenannte Reithalfter) ist durch den Stirnriemen geschlauft, und am Gebiss sind die Zügel befestigt.

Die verschiedenen Bestandteile einer Trense.

Zum Auftrensen nimmst du das Halfter ab und streifst es über den Hals.

Zum Auftrensen nimmst du deinem Pferd das Halfter ab und streifst es ihm schnell wieder über, diesmal aber nur über den Hals, damit der Kopf für die Trense frei bleibt. Stell dich links neben den Pferdekopf und streife zuerst die Zügel über den Kopf. Dann packst du mit der rechten Hand beide Backenstücke und schiebst den rechten Arm unter dem Pferdekopf durch, als wolltest du ihn in den Arm nehmen. Halte die Trense vor den Pferdekopf und leg dir das Gebiss auf die flach ausgestreckte linke Hand, als wäre es ein Leckerbissen, den du deinem Pferd hinhältst. Es gibt verschiedene Arten von Gebissen. Welches Gebiss für dein Pferd das richtige ist, wird dir dein Reitlehrer sagen.

Wenn dein Pferd das Gebiss nicht annehmen will, steck ihm oben am Maulwinkel den Daumen ins Maul.

Verschiedene Trensengebisse. Von oben nach unten: Unterlegtrense (sie wird nur in Verbindung mit einem Kandarengebiss benutzt), Wassertrense, Olivenkopftrense.

AUFTRENSEN LEICHT GEMACHT!

Viele Pferde weigern sich, das Trensengebiss ins Maul zu nehmen. Es hilft, wenn du den Daumen der linken Hand oben am Maulwinkel zwischen die Lippen des Pferdes steckst. Keine Angst, an dieser Stelle haben Pferde keine Zähne! Wenn du immer dasselbe Pferd reitest und möchtest, dass es lernt, freiwillig das Maul aufzumachen, wenn du ihm das Gebiss vor die Nase hältst, gewöhne dir an, dir außer dem Gebiss auch einen Leckerbissen auf die Hand zu legen. Dein Pferd wird bald lernen, dass es sich lohnt, das Maul aufzumachen, weil es dafür jedesmal etwas Leckeres zu fressen bekommt.

Praxistipp

Wenn dein Pferd das Gebiss im Maul hat, greifst du flink mit der linken Hand nach dem linken Backenstück, führst beide Backenstücke an den Pferdeaugen vorbei und streifst dann noch das Genickstück über die Ohren. Am angenehmsten ist es für dein Pferd, wenn du die Ohren einzeln mit der Hand nach vorn drückst und das Genickstück vorsichtig darüberhebst. Als nächstes zieh die unter dem Stirnriemen eingeklemmten Schopfhaare heraus und befreie auch die Mähnenhaare, die noch unter dem Genickstück stecken. Bei Ponys mit dicker Wuschelmähne kann es eine Weile dauern, bis die Frisur sitzt!

Der Kehlriemen wird so eng geschnallt, dass zwischen Riemen und Pferdekopf noch eine aufrecht stehende Faust Platz hat. Für den Na-

Befreie Schopf- und Mähnenhaare, die sich unter Stirnriemen oder Genickstück verklemmt haben.

senriemen gibt es eine ähnliche Regel. Hier müssen zwischen Nasenrücken und Riemen noch zwei Finger Platz sein. Das gilt für jede Art von Nasenriemen, denn es gibt verschiedene Ausführungen. Das Hannoversche Reithalfter wird unterhalb der Trensenringe zugeschnallt. Du erkennst es daran, dass auf beiden Seiten des Nasenteils ein kleiner Ring eingenäht ist.

Zwischen Kehlriemen und Kehlgang muss eine aufrecht stehende Faust passen.

Der Nasenriemen sitzt richtig, wenn zwischen ihm und dem Nasenrücken zwei Finger Platz haben.

Das Englische Reithalfter, dessen Nasenteil aus einem Stück gearbeitet ist, sitzt deutlich höher am Pferdekopf. Vor dem Zuschnallen musst du es unter den Backenstücken durchstecken. Oft ist am Englischen Reithalfter noch ein Zusatzriemen befestigt, der unter den Gebissringen zugeschnallt wird. Dann trägt dein Pferd gewissermaßen zwei Nasenriemen, und du musst bei beiden kontrollieren, ob sie so locker geschnallt sind, dass zwei Finger darunter Platz haben.

Am schönsten ist es für das Pferd, wenn es gar kein Reithalfter trägt. Der Sinn des Reithalfters ist es, das Pferd am Aufsperren des Mauls zu hindern. Es gibt Pferde, die sich den Zügelhilfen ihres Reiters entziehen, indem sie einfach das Maul weit aufmachen. Bei ihnen ist ein Reithalfter sinnvoll. Gehorsame Pferde aber brauchen es nicht.

Der Anfang an

der Longe – erste Glücksgefühle

Der Anfang an der Longe

Auf dem Weg zum Reitplatz – gleich darfst du zum ersten Mal aufsitzen!

Bevor es losgeht, musst du dein Pferd noch auf den Reitplatz oder in die Halle führen. Dazu ergreifst du beide Zügel mit der rechten Hand, etwa zehn Zentimeter unterhalb der Gebissringe. Gib ein Kommando wie zum Beispiel „Komm mit“ und geh los. Du darfst dein Pferd dabei nicht anschauen – wenn man Pferden ins Gesicht starrt, bewegen sie sich keinen Zentimeter. Wenn dein Pferd aber zu denen gehört, die sich auch dann nicht bewegen, wenn man stur geradeaus schaut, hast du hoffentlich eine Gerte dabei. Schau weiter nach vorn und schwinge die linke Hand mit der Gerte hinter deinem Rücken in Richtung Pferd. Ob du es tatsächlich triffst, spielt meistens keine Rolle – allein die Tatsache, dass du mit der Gerte wedelst, reicht aus, um das Pferd in Bewegung zu setzen. Wenn du keine Gerte hast, kannst du versuchen, das Pferd etwas zur Seite zu ziehen. Wenn es einen Schritt seitwärts auf dich zu gemacht hat, gehst du sofort los. Oft reicht der kleine Schritt zur Seite, um das Pferd aus seiner Erstarrung zu lösen.

FRAGEN RUND UM DIE ERSTE REITSTUNDE

Immer, wenn man etwas Neues beginnt, hat man am Anfang sehr viele Fragen. In diesem Buch können natürlich nicht alle beantwortet werden, aber einige der häufigsten sind in diesem Test zusammengestellt. Kannst du sie alle beantworten?

1. Brauche ich schon für meine erste Reitstunde richtige Reitstiefel und eine Reithose?

2. Ist Hufe auskratzen wirklich nötig? Bei Wildpferden macht das doch auch keiner.

3. Von welcher Seite legt man den Sattel aufs Pferd?

4. Muss man unbedingt von links aufsitzen?

5. Kann man ein Pferd auch von rechts führen?

6. Muss der Reitlehrer so schreien?

7. Darf ich meinem Lieblingspferd in der Reitschule etwas zum Naschen mitbringen?

8. Große Pferde sind mir unheimlich. Sind Ponys artiger als Großpferde?

9. Wozu hängt in der Reithalle ein Spiegel? Sind Reiter so eingebildet, dass sie sich ständig im Spiegel bewundern müssen?

Die Auflösung findest du auf den Seiten 78–80.

Endlich aufsitzen!

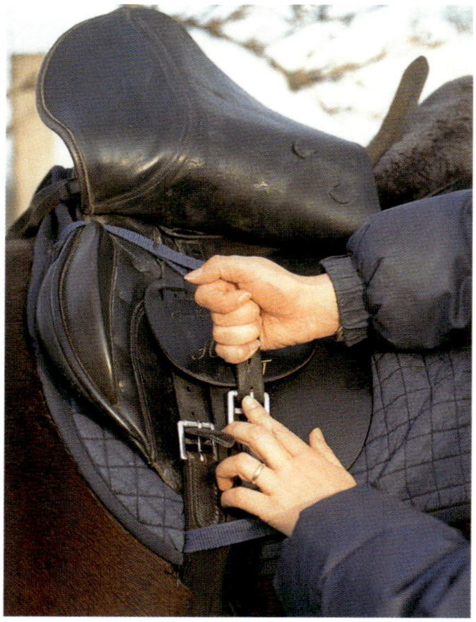

Vor dem Aufsitzen musst du den Sattelgurt so fest anziehen, wie du kannst.

In der Reitbahn angekommen, kannst du es kaum erwarten, dich endlich in den Sattel zu schwingen. Aber halt! Der Sattelgurt ist noch nicht festgezogen! Wenn du versuchen würdest aufzusteigen, solange er noch so locker ist, würde dir der Sattel entgegenrutschen. Du musst erst nachgurten. Zieh den Gurt so fest, wie du kannst. Wenn du erst im Sattel sitzt, wird er sich wieder lockern, und zwar so sehr, dass du nach einigen Runden noch einmal nachgurten musst. Aber noch sind die Steigbügel an den Riemen hochgezogen. Zieh die Steigbügel herunter. Ob die Riemen ungefähr die richtige Länge für dich haben, kannst du testen, indem du dir einen Bügel in die Achselhöhle hältst und mit dem ausgestreckten Arm am Riemen Maß nimmst. Wenn deine Fingerspitzen bequem die Schnalle oben am Sattel erreichen, stimmt die Länge. Wenn nicht, musst du die Riemen kürzer oder länger schnallen. Dazu ziehst du die Schnal-

So kannst du testen, ob die Steigbügelriemen die richtige Länge haben.

Wenn du ein paar Runden geritten bist, musst du den Sattelgurt noch einmal nachziehen.

le unter dem Abdeckblatt hervor. Vergiss nicht, sie nach dem Verschnallen wieder hochzuziehen, sonst drückt sie beim Reiten schmerzhaft gegen dein Bein.

Praxistipp

OHNE ANMELDEN GEHT ES NICHT!

Bevor du – mit Pferd oder ohne – eine Reithalle betrittst, musst du dich bei den anderen Reitern bemerkbar machen. Du darfst auf keinen Fall einfach die in die Bande eingelassene Tür aufstoßen. Stell dir nur vor, was passiert, wenn gerade ein Reiter im Galopp vorbeikommt! Bevor du die Tür öffnest, rufe laut und deutlich „Tür frei, bitte!" und warte ab, bis von drinnen jemand antwortet: „Tür ist frei!" Erst dann kannst du sicher sein, dass sich alle Reiter aus dem Bereich der Tür entfernt haben und dass du niemanden gefährdest. Am Anfang wird dich auch dein Reitlehrer auf solche Dinge hinweisen.

Der große Augenblick ist da!

Jetzt sind alle Vorbereitungen getroffen, und du kannst endlich aufsitzen. Stell dich links neben dein Pferd, Blickrichtung nach hinten. In die linke Hand nimmst du beide Zügel – und zwar so kurz, dass sie nicht mehr durchhängen. Das verhindert, dass

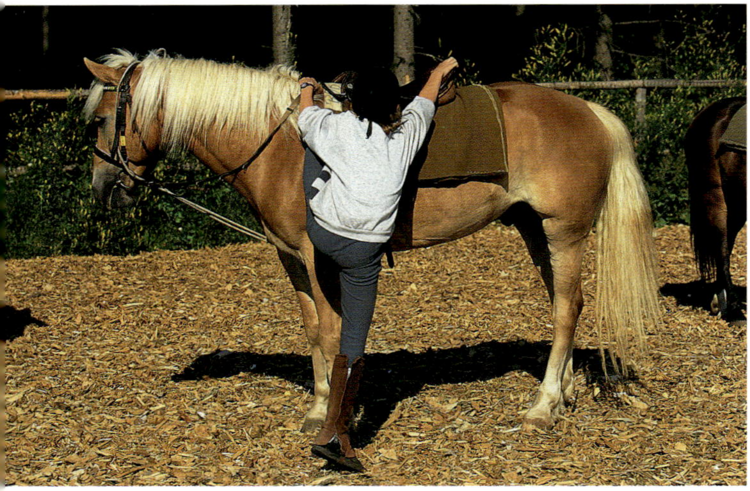

dein Pferd schon losmarschiert, bevor du oben bist. Neben den Zügeln ergreifst du mit der linken Hand außerdem ein dickes Büschel Mähne. Mit der rechten Hand packst du den Steigbügel und drehst ihn so hin, dass du den linken Fuß hineinschieben kannst. Stoß dich mit dem rechten Fuß kräftig ab und greif mit der rechten Hand nach dem hinteren Sattelrand, am besten weit drüben auf der anderen Pferdeseite, um dich hochzuziehen. Und dann: rechte Hand wegnehmen, rechtes Bein über die Kruppe schwingen und ... mit einem erleichterten Seufzer in den Sattel plumpsen? Nein, bloß nicht! Pferde finden es schrecklich, wenn man sich ihnen wie ein Mehlsack in den Rücken fallen lässt. Versuch also, dich weich in den Sattel gleiten zu lassen. Das ist anfangs nicht leicht, aber mit etwas Übung wird es dir schon bald gelingen.

Beim Aufsitzen stößt du dich mit dem rechten Bein kräftig ab.

Praxistipp

EIN HOLZPFERD ZUM ÜBEN !

Ideal wäre es, wenn du deine ersten Stunden auf einem Holzpferd reiten könntest. Das klingt komisch? So etwas gibt es tatsächlich! Das Holzpferd ist ein pferdeähnliches Gestell, das Sattel und Trense trägt. An ihm kannst du das Auf- und Absitzen so lange üben, bis du es perfekt beherrschst. Du kannst die Zügel aufnehmen und so lange am perfekten Reitersitz feilen, wie du willst. Auch wenn du dich anfangs ein wenig ungeschickt anstellst, wird dein Holzpferd nie unruhig oder bockig werden. Leider haben nur die wenigsten Reitschulen einen so geduldigen Vierbeiner im Stall.

Ein tolles Gefühl!

Du sitzt im Sattel und siehst dich um. Es ist ein tolles Gefühl, so hoch oben zu sitzen. Da du in den ersten Reitstunden an der Longe reiten wirst, hält dein Reitlehrer das Pferd fest, und du hast keine Angst. Du könntest noch stundenlang einfach so sitzen bleiben ...

Es ist ein tolles Gefühl, zum ersten Mal auf einem Pferd zu sitzen!

Aber es kommt schon wieder Arbeit auf dich zu. Schau nach unten zu den Steigbügeln. Sind die Riemen verdreht? Sie sitzen richtig, wenn es so aussieht, als würden sie flach an deinen Schienbeinen anliegen. Das erreichst du, wenn du sie von außen aufnimmst. Das bedeutet, dass du deine großen Zehen in Richtung Pferdebauch drehen musst, wenn du die Füße in die Bügel steckst.

Ob du mit Zügeln reiten darfst, hängt von deinem Reitlehrer ab. Am Anfang wirst du sicher erst einmal ohne Zügel ein paar Runden drehen. Wenn dein Reitlehrer glaubt, dass du so weit bist, wird er dich auffordern, in jede Hand einen Zügel zu nehmen. Vom Pferdemaul kommend, führen die Zügel zwischen kleinem Finger und Ringfinger durch, verlaufen dann durch die Faust und kommen oben zwischen Daumen und Zeigefinger wieder heraus. Damit nichts wegrutscht, legst du die Daumen oben wie ein Dach auf die Zügel. Stell deine Hände aufrecht hin, so dass der Daumen oben ist.

So hältst du die Zügel richtig. Das Zügelende hängt auf der rechten Halsseite herunter.

Hilfe, es bewegt sich!

Dein Reitlehrer hat das Pferd dazu aufgefordert, im Schritt loszugehen. Er hält es an der Longe, einer langen Leine aus Gurtband, und lässt das Pferd im Kreis um sich herumgehen. Das hat den Vorteil, dass du dich nicht auch noch um die Lenkung kümmern musst. Aber du hast auch so genug zu tun! Versuch dich zu entspannen und das sanfte Schaukeln des Pferderückens zu genießen. Setz dich schwer in den Sattel und mach dich groß. Klammere dich nicht mit den Beinen am Pferd fest – wenn du dich unsicher fühlst, halte dich lieber mit einer Hand vorn am Sattel fest. Drück die Absätze leicht nach unten und stell dir vor, du hättest so lange Beine, dass du mit den Hacken neben deinem Pferd zwei Striche in den Boden ziehen kannst. Eine alte Reiterregel lautet: Groß nach oben und lang nach unten! Deine Füße sollen nach vorn zeigen und nicht seitlich vom Pferdebauch abstehen, als wären es Flügel. Natürlich kannst du deine Fußge-

An der Longe kannst du dich auf den richtigen Sitz konzentrieren.

lenke so verdrehen, dass die Füße nicht mehr nach außen zeigen. Aber da das sehr anstrengend ist, mach es lieber gleich richtig. Dreh beide Beine aus dem Hüftgelenk heraus nach innen. Wenn du in dieser Haltung auf dem Boden stehen würdest, würden deine großen Zehen zueinander zeigen. In dieser Haltung liegt dein Knie flach am Sattel an, und wenn dein Pferd einen unerwarteteten Hopser machen sollte, brauchst du nur die Knie fest an den Sattel zu drücken und dir kann nichts passieren.

Der erste Trab an der Longe

Im Schritt ist es kein großes Problem, in perfekter Haltung im Sattel zu sitzen. Im Trab ist das schon schwieriger. Du kannst den Trab entweder aussitzen, was bedeutet, dass du genauso gerade und perfekt sitzen bleibst wie im Schritt, oder du kannst leichttraben. Beim Leichttraben hebst du deinen Oberkörper bei jedem zweiten Trabtritt ein wenig aus dem Sattel. Wenn es

So ist das Leichttraben richtig: Die Reiterin ist in dem Moment aufgestanden, in dem der innere Hinterfuß des Pferdes den Boden verlassen hat.

dir schwer fällt, den richtigen Takt zu finden, zähle die Trabschritte leise mit, eins-zwei-eins-zwei ... Und aus eins-zwei-eins-zwei wird dann hoch-runter-hoch-runter. Du brauchst nicht hoch aufzustehen. Es reicht, wenn du nur kurz deinen Oberkörper nach vorn-oben hebst. Natürlich gilt auch hier, was du schon im Schritt geübt hast: Beine lang, Beine aus dem Hüftgelenk heraus nach innen drehen, Absätze tief, Oberkörper gerade halten ... Ganz schön viel, an das man denken muss, nicht wahr?

Sobald du das Leichttraben sicher beherrschst, wird dir dein Reitlehrer vermutlich „Falscher Fuß!" zurufen. Um zu verstehen, was er damit meint, musst du zuerst wissen, wie ein Pferd trabt. Beim Trab bewegt es seine Beine diagonal, das heißt, ein Vorderbein und das Hinterbein auf der anderen Seite schwingen gleichzeitig nach vorn. Beim Leichttraben ist es üblich, sich hinzusetzen, wenn der innere Hinterfuß aufsetzt, und aufzustehen, wenn er wieder abhebt. Alles klar, kein Problem! Oder vielleicht doch? Woher weiß man, was der innere Hinterfuß des Pferdes gerade macht? Man kann sich ja nicht einfach umdrehen! Mit zunehmender Erfahrung wirst du es spüren können, aber bis es so weit ist, gibt es einen einfachen Trick, der dir hilft. Da sich die Pferdebeine im Trab diagonal bewegen, macht das äußere Vorderbein immer genau dasselbe wie das innere Hinterbein. Du brauchst dir also nur zu merken, dass du aufstehen musst, wenn die äußere Pferdeschulter nach vorn geht. Kontrollie-

Diese Übung ist schwierig. Probiere sie nur aus, wenn jemand dein Pferd festhält.

re bei jedem Antraben durch einen Blick auf die Schulter, ob du auf dem richtigen Hinterfuß leichttrabst. Und wenn du doch einmal den falschen Fuß erwischt hast, ist das leicht zu korrigieren. Bleib einfach so lange im Sattel sitzen, wie es dauert, um eins-zwei zu zählen und steh dann wieder auf. Schon hast du den Fuß gewechselt, und dein Leichttraben ist perfekt.

DENK AN EINE BAUCHTÄNZERIN !

Praxistipp

Den Trab auszusitzen ist schwieriger, weil der Rücken des trabenden Pferdes stark schwingt. Um auch im Trab im Sattel zu sitzen wie festgeklebt, hilft es dir vielleicht, wenn du an Bauchtanz denkst. Eine Bauchtänzerin hält ihren Körper ziemlich ruhig und lässt nur ihr Becken kreisen. Versuch das auf dem Pferd nachzumachen! Anfangs darfst du dich dabei ruhig am Sattel festhalten. Achte aber darauf, dich nicht mit aller Kraft deiner Arme in den Sattel hineinzuziehen. Wenn du dich nur auf deine Armmuskeln verlässt, wird es lange dauern, bis du wirklich sicher sitzt.

Sobald du halbwegs sicher leichttraben und aussitzen kannst, wird dich dein Reitlehrer wahrscheinlich auffordern, alle möglichen Übungen im Sattel auszuführen. Vielleicht kennst du sie schon von den ersten Runden im Schritt oder hast einige davon bereits auf dem stehenden Pferd ausprobiert?

Zu den Übungen gehört zum Beispiel, dass du erst einen und dann beide Arme zur Seite streckst oder die Arme kreisen lässt. Vielleicht sollst du die Arme auch nach oben strecken oder den Oberkörper von einer Seite zur anderen drehen. Im Grunde sind das natürlich ganz einfache

Klappt diese Übung auch im Trab?

Schaffst du es, mit beiden Händen bis zur Fußspitze zu kommen?

Dinge, die jedes Kind beherrscht. Dein Reitlehrer verlangt dir diese Übungen nur ab, weil er sehen möchte, ob du darüber nichts von dem vergisst, was er dir erklärt hat. Kannst du den Oberkörper drehen, ohne dass deine Beine verrutschen? Kannst du die Arme kreisen lassen und dabei weiter leichttraben?

Neben den Übungen, die dir helfen, das zu festigen, was du schon gelernt hast, gibt es solche, die dir zu einem besseren Sitz verhelfen. Probiere sie anfangs im Schritt oder im Stehen aus. Bei der ersten Übung streckst du die Beine zuerst nach vorn, spreizt sie dann zur Seite, als säßest du auf einer Tonne und nimmst sie dann nach hinten. Bewege aber nicht nur die Unterschenkel – die Bewegung muss aus den Hüftgelenken kommen. Und schön aufrecht sitzen bleiben. Wer sich für diese Übung nach vorn beugt, der schummelt! Eine weitere Übung, die deine Reitmuskeln und vor allem dein Gleichgewicht trainiert: Versuch, mit der rechten Hand deine linke Fußspitze zu erreichen und umgekehrt. Merkst du, wie tief du deine Absätze auf einmal halten kannst?

Eine andere lustige Übung ist das Zusammenklappen der Knie. Halt dich mit beiden Händen am hinteren Sattelrand fest und zieh beide Knie so hoch, dass sie vorn über dem Sattel zusammenklappen. Wenn du diese beiden Übungen in schneller Folge fünf- bis zehnmal wiederholst, wirst du feststellen, dass du Muskeln hast, von denen du bisher gar nichts wusstest. Aber genau diese Muskeln, die ein normaler Mensch kaum beansprucht, sind es, die du zum Reiten brauchst.

Reiten ohne Steigbügel

Sobald du dich im Trab sicher fühlst, wird dein Reitlehrer von dir verlangen, dass du die Bügel überschlägst. Damit ist gemeint, dass du beide Füße aus den Steigbügeln nimmst, die Riemen zu dir hochziehst und sie über Kreuz vor dir auf die Pferdeschulter legst. Im Schritt ist das Reiten ohne Steigbügel kein Problem, und auch im Trab hast du nun genau genommen ein Problem weniger. Du musst jetzt nicht auch noch darauf achten, dass dir die Bügel nicht dauernd vom Fuß rutschen. Beim Reiten ohne Steigbügel ist es besonders wichtig, dass du deine Beine so lang am Pferd herunterhängen lässt, wie es geht. Stell dir vor, an deinen Hacken hängen tonnenschwere Gewichte, die dich nach unten ziehen. Natürlich darfst du zur Sicherheit trotzdem mit einer oder beiden Händen vorn in den Sattel fassen.

Um das Reiten ohne Steigbügel zu üben, legst du sie über Kreuz vor dem Sattel auf die Pferdeschultern.

Das Schwierigste beim Reiten ohne Bügel ist das Leichttraben. Es funktioniert nur, wenn du daran gedacht hast, deine Beine aus der Hüfte heraus nach innen zu drehen. Dann liegen die Knie flach am Sattel an, und du kannst sie wie ein Scharnier benutzen, das deinen Oberkörper anhebt und wieder senkt. Wenn du das Gefühl hast, dass deine Knie am Sattel liegen, als wären sie dort festgeschraubt, ist es perfekt.

Die Auflösung findest du auf Seite 81.

WIE VIEL KANNST DU SCHON?

Kreuze die passende Antwort an:	Ja	Nein
Ich kann im Schritt reiten, ohne mich am Sattel festzuhalten.		
Ich kenne die richtige Zügelhaltung.		
Ich kann leichttraben, ohne mich am Sattel festzuhalten. Ich kann den Trab aussitzen, ohne zu hopsen und ohne mich festzuhalten.		
Ich denke immer daran, meine Absätze herunterzudrücken..		
Ich erkenne, ob ich auf dem richtigen Fuß leichttrabe. Ich verliere nur noch ganz selten einen Steigbügel.		
Ich kann Freiübungen im Trab machen, ohne dass meine Beine verrutschen.		
Ich wünschte, mein Reitlehrer würde mich endlich von der Longe lassen, damit ich „richtig“ reiten kann!		
Ich kann es kaum erwarten, endlich den Galopp kennen zu lernen.		

Der erste Galopp

Vielen Reitschülern graust es vor dem ersten Galopp an der Longe – bis sie es ausprobiert haben. Der Galopp ist viel bequemer als der Trab. Im Trab wird man durchgeschüttelt, aber der Galopp fühlt sich an, als säße man auf einer Schaukel.
Wenn dein Reitlehrer das Pferd angaloppieren lässt, solltest du dich am Sattel festhalten. Der Galopp ist zwar nicht schwierig, aber Pferde, die nicht sehr gehorsam sind, fallen oft erst in einen sehr schnellen Trab, bevor sie dann doch angaloppieren. Und dieser schnelle Trab ist ziemlich unbequem!

KLEINE HILFE BEIM ERSTEN GALOPP!

Damit du auch im Galopp daran denkst, aufrecht und gerade zu sitzen, hilft es, wenn du dich mit der äußeren Hand vorn am Sattel festhältst und mit der inneren nach dem hinteren Sattelrand greifst.

Praxistipp

Galoppiert dein Pferd dann doch, wirst du feststellen, dass du bei jedem Galoppsprung ein wenig hochfliegst. Um das zu verhindern, stell dir einfach vor, du solltest den Sattel bei jedem Galoppsprung mit deiner Hose von hinten nach vorn auswischen. Auch im Galopp ist das Ziel, dass du im Sattel sitzt, als wärest du dort festgeklebt. Vergiss darüber aber nicht, deine Beine lang am Pferdebauch herunterhängen zu lassen und die Absätze tief zu halten.

Es klappt? Vielleicht kannst du jetzt auch schon einen Arm zur Seite ausstrecken. Oder beide? Wenn du ohne Zügel reitest, kannst du auch die Hände so vor dich halten, als hättest du Zügel. Schaffst du es, der Galoppbewegung mit deinem Becken zu folgen, ohne dass deine Hände die Bewegung mitmachen? Wenn du die Zügel in den Händen hältst oder auch nur so tust, sollten sich deine Hände so wenig wie möglich bewegen, damit du deinem Pferd nicht bei jeder dieser Bewegungen unabsichtlich im Maul herumziehst und ihm dabei wehtust.

Sobald du gelernt hast, im Galopp zu reiten, ohne dich am Sattel festzuhalten, brauchst du die Longe nicht mehr. Du kannst dich jetzt dem Gruppenunterricht anschließen und wirst dich hier intensiv mit den verschiedenen Arten der Hilfengebung beschäftigen.

Es wird noch eine Weile dauern, bis du dein Pferd so perfekt im Galopp reiten kannst.

So versteht die richtige

ihr euch –
Hilfengebung

Die richtige Hilfengebung

Hilfe, was sind Hilfen?

Als Hilfen bezeichnet man in der Reitersprache jede Einwirkung aufs Pferd. Zu ihnen gehören Schenkelhilfen zum Antreiben, Gewichtshilfen zum Antreiben und Lenken sowie Zügelhilfen zum Lenken und Bremsen. Diese drei werden als natürliche Hilfen bezeichnet. Darüber hinaus gibt es noch die künstlichen Hilfen. Sie werden mit der Gerte und bei fortgeschrittenen Reitern mit den Sporen gegeben.

Die Schenkelhilfen

Zum Antreiben drückt man die Unterschenkel ans Pferd. Das klingt zwar kinderleicht, ist aber in Wirklichkeit ziemlich schwierig. Klar, wenn man die Fußspitzen und die Knie so nach außen drehen dürfte, dass sie vom Sattel abstehen, könnte man mit der Wade kräftig gegen den Pferdebauch drücken. Man bräuchte dazu nur die Knie etwas stärker anzuwinkeln. Aber da du ja schon an der Longe gelernt hast, dass du die Beine aus den Hüftgelenken heraus so weit nach innen drehen sollst, dass die Fußspitzen nach vorn zeigen, wirst du sofort merken, wie schwer es ist, Druck auf den Pferdebauch auszuüben. Dazu müssten deine Knie sich auch nach links und rechts beugen lassen. Und da das nicht geht, wird dein Schenkeldruck anfangs ziemlich schwach ausfallen. Aber keine Angst, es geht tatsächlich und ist nur eine Sache der Übung. Du musst ausprobieren, wie viel Druck nötig ist, um dein Pferd in Bewegung zu setzen.

Anreiten aus dem Stand

Dein Pferd steht in der Halle oder auf dem Platz, und du willst, dass es im Schritt losgeht. Setz dich schwer in den Sattel, mach dich groß und kontrolliere, ob deine Beine richtig liegen. Das ist wie bei einem Piloten, der vor dem Abflug eine Checkliste durchgeht: Sitze ich gerade? Ist mein Blick nach vorn gerichtet? Habe ich die Zügel kurz genug gefasst, um das Pferdemaul zu spüren? Liegen meine Knie am Sattel? Zeigen die Fußspitzen nach vorn und halte ich die Hacken tief? Wenn alle Punkte gecheckt sind, kann es losgehen. Drück mit beiden Waden kurz und kräftig gegen den Pferdebauch. In dem Moment, in dem dein Pferd losgeht, gibst du mit beiden Händen nach. Das braucht nicht viel zu sein – vielleicht einen oder zwei Zentimeter. Aber dein Pferd muss das Gefühl bekommen, dass du ihm mit den Zügeln eine Tür aufmachst – und zwar die, die sich direkt vor seiner Nase befindet. Lass die Zügel aber nicht durchhängen; der Kontakt zum Pferdemaul muss erhalten bleiben. Würdest du die Zügel durchhängen lassen, wären alle Türen offen und dein Pferd könnte hinlaufen, wohin es will. Im Idealfall hat dein Pferd jetzt den ersten Schritt gemacht.

So liegen die Beine richtig am Sattel.

Aber vielleicht ist dein Pferd kein Idealpferd und bleibt ungerührt stehen. Das liegt daran, dass Reitschulpferde, die immer andere Reiter tragen müssen, nicht mehr so feinfühlig reagieren. Sie befolgen nicht jede Anweisung ihres Reiters, sondern warten erst einmal ab, ob sie tatsächlich ernst gemeint war. Wenn dein Pferd also immer noch herumsteht wie angewachsen, musst du deine treibende Hilfe wiederholen. Mach nicht den Fehler, dann mit den Hakken zu bohren oder die Beine vom Pferd wegzustrekken und mit einem Rums an seinen Bauch donnern zu lassen. Das würde dein Pferd nur darin bestärken, dass es sich erst bewegen muss, wenn sein Reiter einen Riesenaufstand macht. Bleib korrekt sitzen und drück einmal kurz die Beine zu. Warte eine Sekunde ab, ob etwas passiert. Wenn nicht, wiederhole deine Hilfe. Vielleicht hat dein Pferd dich nicht verstanden. Beim dritten Mal gibst du deiner Schlafmütze einen Klaps aufs Hinterteil. Wenn du das regelmäßig machst, wird dein Pferd schon bald gelernt haben, dass man lieber schon bei der zweiten Aufforderung losgehen sollte.

Richtig Schritt reiten

Um den richtigen Takt zum Treiben zu erspüren, nimm die Füße aus den Steigbügeln und lass die Beine locker hängen.

Wenn sich dein Pferd in Bewegung gesetzt hat, musst du dafür sorgen, dass es auch in Bewegung bleibt. Es reicht nicht, es einmal anzutreiben und dann zu hoffen, dass es weiterlaufen wird. Du musst es bei jedem Schritt erneut treiben. Aber dazu musst du erst den richtigen Takt finden. Es bringt nichts, wenn du deinem Pferd alle paar Schritte die Beine an den Bauch presst. Dir ist sicher schon aufgefallen, dass der Pferderücken im Schritt von links nach rechts schaukelt. Lass deine Beine einen Moment lang locker hängen. Am besten geht es, wenn du die Füße aus den Steigbügeln nimmst und die Beine so richtig baumeln lässt. Spürst du, dass sie bei jedem Schaukeln abwechselnd links und rechts an den Pferdebauch fallen? Das ist der Takt, in dem du dein Pferd treiben musst. Nimm die Steigbügel wieder auf und versuche, immer dann einen Schenkeldruck zu geben, wenn das jeweilige Bein ohnehin schon an den Bauch fällt. Das bedeutet natürlich, dass du mit dem linken und dem rechten Bein abwechselnd treiben musst.

Durch das abwechselnde Treiben gelingt es dir, das jeweilige Hinterbein des Pferdes zu aktivieren. Der „Motor" des Pferdes sitzt in seiner Hinterhand. Um die Hinterbeine und damit den Motor in Schwung zu bringen, musst du dein Pferd genau in dem Augenblick, in dem einer der beiden Hinterhufe vom Boden abhebt, dazu ermahnen, mit diesem Bein einen großen Schritt zu machen. Wenn du aus dem Takt kommen solltest, lass ruhig noch einmal die Beine baumeln, um ihn wieder zu erspüren.

Wie stark du treiben musst, hängt von deinem Pferd ab. Bei einer Schlafmütze, die sich am liebsten gar nicht bewegen würde, wirst du energisch rechts und links treiben müssen. Bei einem fleißigen Pferd reicht es aus, wenn du die Schaukelbewegung deiner Beine nur ganz gering verstärkst. Wenn du zu stark treibst, wird dein Pferd schneller. Um das zu vermeiden, gibst du nur ganz leichte Schenkelhilfen. Mit diesen leichten Hilfen vermittelst du deinem Pferd die folgende Botschaft: „Was du machst, ist richtig. Ich bin zufrieden mit dir. Geh in diesem Tempo weiter." Diese Botschaft ist besonders wichtig, wenn du ein temperamentvolles Pferd reiten darfst, das am liebsten immer nur rennen möchte. Diese Pferde sind oft sehr unsicher und brauchen die Bestätigung ihres Reiters. Natürlich darfst du auf einem solchen Flitzer keinen kräftigen Schenkeldruck geben. Lass deine Beine einfach weich am Pferdebauch anliegen und folge den Schaukelbewegungen.

Auch ein temperamentvolles Pferd musst du treiben, aber natürlich nur mit ganz leichtem Schenkeldruck.

Stell dir vor, dass deine Beine mit dem Pferd atmen – dann weißt du ungefähr, wie zart die Schenkelhilfen sein müssen, die dieses Pferd braucht.

Richtig treiben im Trab

Zum Antraben verstärkst du dein wechselseitiges Treiben, bis der Motor des Pferdes auf Touren kommt. Wenn du im selben Takt weitertreibst wie im Schritt, wird dein Pferd seinen Schritt beschleunigen. Um es zum Antraben zu bringen, musst du den Takt erhöhen. Wenn du im schnellen Wechsel rechts und links abwechselnd treibst, wird ein gut gerittenes Pferd seine Hinterbeine im selben Tempo bewegen und antraben.

Schaffst du es auch im Trab, abwechselnd mit dem rechten und dem linken Bein zu treiben?

Dein Pferd ist nicht gut geritten? Es interessiert sich nicht dafür, dass du seine Hinterbeine zum Traben aufgefordert hast? Dann versuch es mit einem beidseitigen Schenkeldruck. Wenn das auch nicht funktioniert, musst du die Gerte benutzen.

Im Trab gilt dasselbe wie im Schritt. Es reicht nicht, das Pferd einfach nur antraben zu lassen und dann zu hoffen, dass es weiterlaufen wird. Allerdings kommt jetzt eine neue Schwierigkeit auf dich zu: Im Trab fallen die Unterschenkel nicht so schön deutlich an den Pferdebauch wie im Schritt. Schaffst du es trotzdem, abwechselnd mit dem linken und dem rechten Bein zu treiben? Und das sogar beim Leichttraben? Sei nicht enttäuscht, wenn es am Anfang nicht klappt. Zum Üben hilft es, wenn du dein Pferd ganz langsam traben lässt. Und solange es im normalen Tempo, dem sogenannten Arbeitstempo, noch nicht klappt, kannst du dir mit einen Trick helfen. Gib einfach beidseitige Schenkelhilfen.

Beidseitige Schenkelhilfen. Beim Leichttraben drückst du in dem Moment, in dem du dich hinsetzt, beide Beine zu. Damit erreichst du zumindest das äußere Hinterbein, das in dem Moment abfußt, in dem du dich hinsetzt. Das innere Hinterbein kannst du damit nicht antreiben, weil in der Hinsetzphase gerade das ganze Gewicht des Pferdes darauf lastet – es könnte also gar nicht auf dein Treiben reagieren, selbst wenn es wollte. Das beidseitige Treiben hat außerdem den Nachteil, dass es dich mehr Kraft kostet. Aber was soll's – lieber etwas mehr Kraft aufwenden, als gar nicht zu traben!

Wechselseitiges Treiben. Das wechselseitige Treiben übst du am besten zunächst im Aussitzen. Lass dein Pferd so langsam traben, wie es geht. Je langsamer es läuft, desto deutlicher spürst du, was seine Hinterbeine gerade machen. Dein treibender Schenkel ist immer dann gefordert, wenn sich die eine Rückenseite senkt. Das ist der Moment, in dem das dazugehörige Hinterbein weit hinten steht und gerade nachgezogen werden soll. Wenn du in diesem Moment auf dieser Seite treibst, sagst du deinem Pferd damit, dass es das Hinterbein mit

Schwung nach vorn holen soll. Natürlich darfst du beim Üben nicht zu energisch treiben, denn sonst beschleunigt dein Pferd und du hast es wieder schwerer, den richtigen Takt zu finden.

Im Galopp ist alles anders

Im Galopp kannst du nicht wechselseitig treiben, weil der Galopp ein Dreitakt ist. Deshalb ist die Hilfengebung im Galopp anders als im Schritt und Trab. Zum Angaloppieren setzt du dich aufrecht in den Sattel, und wenn du im Trab bist, solltest du aussitzen. Dein äußeres Bein lässt du etwa eine Handbreit zurückrutschen, so dass es deutlich hinter dem Sattelgurt liegt. Nicht schummeln! Du darfst nicht nur das Knie anwinkeln – das gesamte Bein muss nach hinten wandern. Der äußere Schenkel wird „verwahrender" Schenkel genannt. Er hat die Aufgabe, dafür zu sorgen, dass das Pferd sich im Galopp nicht schief macht. Aber noch ist es nicht schlimm, wenn dein Pferd etwas schief galoppiert – Hauptsache es galoppiert. Um es dazu zu überreden, treibst du es mit dem inneren Schenkel an. In dem Augenblick, in dem sich Kopf und Hals zum ersten Galoppsprung heben, musst du mit den Zügeln ein wenig nachgeben. Auch hier sind das nur ein oder zwei Zentimeter, mit denen du deinem Pferd den Weg nach vorn freigibst. Im Galopp ist leicht zu spüren, wann du das innere Bein einsetzen musst, denn natürlich musst du auch in die-

Im Rechtsgalopp greift das rechte Vorderbein weiter aus.

ser Gangart weitertreiben. Lass das äußere Bein in seiner Position hinter dem Gurt liegen und treibe mit dem inneren jeden einzelnen Galoppsprung heraus.

Rechts- und Linksgalopp. Neben der Hilfengebung gibt es im Galopp noch eine Besonderheit, die ihn von Schritt und Trab unterscheidet. Es gibt nicht nur einen Galopp, sondern zwei: den Rechts- und den Linksgalopp.

Pferde sind von Natur aus Links- oder Rechtshänder, genau wie Menschen. Und ein Linkshänderpferd bevorzugt den Linksgalopp. Das ist kein Problem – wenn du linksherum reitest. Rechtsherum aber sollte dein Pferd den Rechtsgalopp zeigen. Natürlich könnte man jetzt sagen, wenn es den Linksgalopp lieber mag, soll es doch Linksgalopp gehen. Aber es ist ein furchtbares Gefühl, im „falschen“ Galopp zu reiten. Außerdem würde es die Beine des Pferdes überanstrengen, wenn es sein Leben lang nur auf seiner Lieblingsseite galoppiert. Und da das Reiten für Pferde eine Art Gymnastik ist, die sie stärker und beweglicher machen soll, müssen sie lernen, auch auf ihrer ungeliebten Seite zu galoppieren.

Dieses Pferd galoppiert im Linksgalopp.

Falscher Galopp. Wenn dein Pferd im falschen Galopp anspringt, wird dein Reitlehrer es dir sagen. Wahrscheinlich merkst du es aber auch selbst, denn im falschen Galopp hat man das Gefühl, als würde man bei jedem Sprung nach außen gedreht. Beim Üben ohne Reitlehrer kannst du selbst überprüfen, ob dein

Pferd richtig angaloppiert ist. Beug dich einfach nach den ersten Sprüngen im Sattel nach vorn und schau an der inneren Pferdeschulter vorbei nach unten. Wenn du hier das innere Vorderbein ausgreifen siehst, ist der Galopp richtig. Um deinen Blick zu schulen, solltest du andere Reiter im Galopp beobachten oder auch frei laufende Pferde. Im Linksgalopp greift das linke Vorderbein weiter vor und im Rechtsgalopp das rechte. Erkennst du den richtigen Galopp?

So sieht der perfekte Sitz im Galopp aus.

Wenn dein Pferd falsch angaloppiert ist, musst du es wieder zum Trab zurücknehmen. Zum Trab durchparieren, wie es in der Fachsprache heißt. Dann mach einen neuen Versuch. Am einfachsten ist es für dein Pferd, wenn du es in einer Ecke des Reitplatzes oder der Halle angaloppieren lässt. In der Ecke muss es seinen Körper biegen, und dann fällt es ihm leichter, richtig anzugaloppieren.

Kreuzgalopp. Etwas ganz Unangenehmes ist der sogenannte Kreuzgalopp. Im Kreuzgalopp galoppiert das Pferd mit den Vorderbeinen im Linksgalopp und mit den Hinterbeinen im Rechtsgalopp oder umgekehrt. Das fühlt sich furchtbar an. Man wird in alle Richtungen gebeutelt und hat das Gefühl, als wäre der Pferderücken unter einem in zwei Teile gebrochen. Auch in diesem Fall bleibt dir nichts anderes übrig, als zum Trab durchzuparieren und einen zweiten Versuch zu starten.

ALLES KLAR MIT DEN SCHENKELHILFEN?

Kreuze die passende Antwort an: Ja Nein

1. Ich finde beim Schrittreiten einfach nicht den Takt, in dem ich treiben muss.

a) Ich treibe einfach irgendwie. Mein Pferd wird es schon verstehen.

b) Ich nehme die Füße aus den Steigbügeln, lasse die Beine baumeln und mache auch für einen Moment die Augen zu, um besser den Takt fühlen zu können.

c) Ich bitte den Reitlehrer, dass er mir in der nächsten Stunde ein anderes Pferd gibt.

2. Ich reite nicht auf einem Reitplatz, sondern auf einer großen Weide.

a) Es ist egal, auf welchem Fuß ich leichttrabe.

b) Obwohl es eigentlich egal ist, muss ich doch gelegentlich mal wechseln, damit alle vier Beine meines Pferdes gleichmäßig belastet werden.

c) Ich muss auf dem inneren Hinterfuß leichttraben, denn die Weide ist für mich nichts anderes als ein Riesenreitplatz mit einer Innen- und einer Außenseite.

3. Beim Aussitzen im Trab hopse ich auf dem Pferderücken herum wie ein Gummiball. Was kann ich dagegen tun?

a) Ich muss aufhören, die Beine an den Sattel zu klammern. Nur wenn meine Beine locker am Sattel liegen, kann ich entspannt mit den Hüften den Bewegungen des Pferdes folgen.

b) Solange ich noch nicht aussitzen kann, trabe ich leicht.

c) Ich halte mich am Sattel fest.

4. Wenn wir in der Reitstunde galoppieren sollen, trabt mein Pferd nur schneller. Was kann ich dagegen tun?

a) Ich tue gar nichts. Vielleicht merkt der Reitlehrer es nicht.

Kreuze die passende Antwort an: Ja Nein

b) Ich trabe leicht, weil ich diesen Renntrab nicht aussitzen kann. Außerdem benutze ich die Gerte, damit mein Pferd doch endlich angaloppiert.

c) Ich bremse mein Pferd wieder ab, gebe eine deutliche Galopphilfe und treibe zusätzlich noch mit der Gerte.

5. Auf einer Seite ist mein Pferd grundsätzlich im falschen Galopp. Wie kann ich das ändern?

a) Ich galoppiere nur noch auf gebogenen Linien an, zum Beispiel aus einer Volte heraus. Wenn das nichts bringt, reite ich erst eine Weile Kurven und Biegungen im Schritt und Trab, damit mein Pferd beweglicher und geschickter wird.

b) Ich pariere immer wieder zum Trab durch und galoppiere neu an. Irgendwann wird es schon richtig angaloppieren.

c) Ich galoppiere nur noch auf der „guten" Seite.

6. Wenn wir im Leichttraben durch die ganze Bahn wechseln ...

a) muss ich auf der Wechsellinie aussitzen.

b) muss ich den Fuß wechseln, bevor ich die zweite Ecke erreicht habe.

c) muss ich an meinem Leichttraben nichts verändern.

Die Auflösung findest du auf den Seiten 81–82.

Die Zügelhilfen

Wie du dein Pferd in Bewegung setzt, weißt du nun. Aber du musst auch lernen, wie du es steuern und bremsen kannst und wie man in den einzelnen Gangarten das Tempo verstärkt oder verringert. Dafür musst du die Zügelhilfen beherrschen lernen. Nimm die Zügel so kurz auf, dass sie nicht durchhängen. Sie sollen aber auch nicht stramm anstehen.

Am besten ist eine Länge, bei der du zwar das Pferdemaul am anderen Ende fühlst, aber keinen Druck darauf ausübst. Achte darauf, die Hände so ruhig zu halten, wie es geht. Die einzige erlaubte Bewegung ist ein Nachgeben in Richtung Pferdemaul. Versuche, den Bewegungen des Pferdekopfes mit deinen Händen zu folgen, ohne dass dabei die Zügel durchhängen. Das übst du am besten im Schritt, denn dabei bewegt sich der Pferdekopf am meisten.

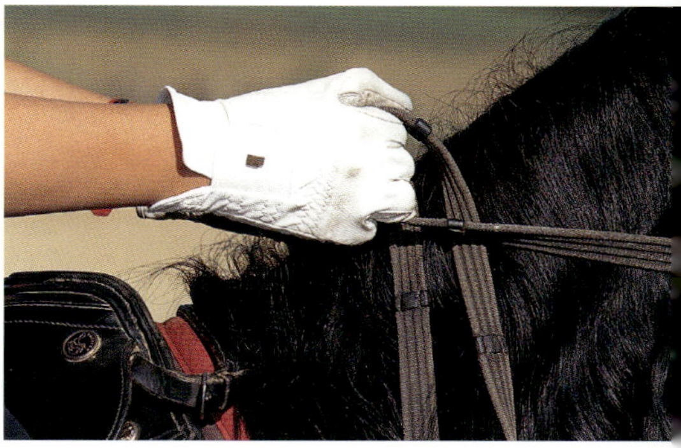

Nimm eine gefühlvolle Verbindung zum Pferdemaul auf.

Die richtige Lenkung

Eigentlich müsste es doch ganz einfach sein, ein Pferd irgendwo hinzusteuern: Man zieht am linken Zügel, wenn man nach links will, und am rechten, wenn man nach rechts will. Das ist wie beim Fahrradfahren. Aber natürlich ist ein Pferd kein Fahrrad. Die erste Regel beim Reiten lautet: Nie am Zügel ziehen! Du darfst nie vergessen, dass sich am anderen Ende der Zügel ein Gebiss aus Metall befindet, das im empfindlichen Maul deines geliebten Pferdes liegt. Jedes Ziehen am Zügel tut ihm weh.

Um das zu vermeiden, darfst du die Zügelhilfen nie allein geben, sondern immer in Verbindung mit Schenkel- und Gewichtshilfen. Ein Beispiel: Du willst links abbiegen. Als Erstes drehst du deinen Oberkörper nach links. Dadurch bewegen sich deine Hände beide ein wenig nach links. Das bedeutet, dass sich der linke Zügel vom Hals löst, während der rechte enger am Pferdehals anliegt. Dein innerer Schenkel bleibt, wo er ist, während der rechte durch die Oberkörperdrehung automatisch ein wenig nach hinten rutscht. Die linke Hand zeigt dem Pferd die neue Richtung an, und wenn du jetzt mit dem inneren Schenkel etwas stärker treibst, wird dein Pferd den Hals nach links biegen. Mit den Schenkeln brauchst du jetzt nur noch dafür

Zum Abbiegen drehst du als Erstes deinen Oberkörper in die gewünschte Richtung.

Hier sind die korrekten Hilfen zum Abbiegen gut zu erkennen.

zu sorgen, dass sein Körper dieser Linksbiegung folgt. Dein äußerer Schenkel, der ein Stück hinter dem Sattelgurt liegt, verhindert mit leichtem Druck, dass die Hinterbeine des Pferdes in der Kurve nach außen ausweichen. In der Fachsprache bezeichnet man dieses Ausweichen als „Ausfallen der Hinterhand".

Jetzt verstehst du sicher auch, warum es heißt, dass Wendungen am äußeren Zügel geritten werden. Sicher passiert es dir beim Üben immer wieder, dass du aus Versehen am inneren Zügel ziehst, wenn du um eine Kurve willst. Du wirst merken, dass dein Pferd zwar seinen Hals in die gewünschte Richtung biegt, sein Körper aber trotzdem in die andere Richtung ausweicht. Dann hör schnell wieder auf, am Zügel zu ziehen und dreh deinen Oberkörper, damit der äußere Zügel an den Hals kommt und die äußere Pferdeschulter wieder einfängt.

Denk immer daran: Die Zügel steuern den Hals und die Vorderbeine, nicht den Pferdekopf!

SCHAU DEN WESTERNREITERN ZU!

Das Wenden am äußeren Zügel kannst du besonders gut beobachten, wenn du Westernreitern zuschaust. Ein ausgebildetes Westernpferd wird mit einer Hand geritten, und wenn es um die Kurve gehen soll, dreht sein Reiter den Oberkörper in die gewünschte Richtung. Dadurch verschiebt sich auch die Hand mit dem Zügel in diese Richtung, und der äußere Zügel liegt am Hals an, während sich der innere vom Hals entfernt. Diese Art des Lenkens bezeichnen die Westernreiter als „neck-reining“, was singgemäß „Hals-Lenkung“ bedeutet.

Praxistipp

Was sind überdeutliche Zügelhilfen?

Es kann passieren, dass dein Pferd nicht reagiert, wenn du versuchst, es durch die Oberkörperdrehung zu lenken. Schulpferde, die immer andere und oft auch sehr unsichere Reiter tragen müssen, sind daran gewöhnt, dass jemand auf ihrem Rücken herumwackelt. Sie achten nicht mehr darauf, ob sich da oben jemand dreht oder ob er schon mit der Nase auf der Mähne liegt. Wenn du ein solches Pferd reitest, musst du deine Zügelhilfen überdeutlich geben. Dreh den Oberkörper in die gewünschte Richtung und streck den inneren Arm zur Seite aus, so weit es geht. Achte darauf, den Zügel nicht nach hinten zu ziehen, sondern nur zur Seite. Du machst deinem Pferd gewissermaßen auf einer Seite die Tür auf – und zwar so weit, dass es bequem hindurchgehen kann. Bei einem feinfühligen Pferd reicht es, die Tür einen Spaltbreit aufzumachen, aber das dickfelligere Exemplar braucht mehr Platz.

Der ausgestreckte Arm der Reiterin zeigt dem Pony den Weg in die Wendung.

Für Abwechslung sorgen!

An der Longe warst du noch alleine, aber jetzt bist du ja schon viel weiter und reitest in der Abteilung. Eine Abteilung ist eine Gruppe von Reitern mit ihren Pferden, die hintereinander herreiten. Die Abteilung bietet den Vorteil, dass dein Pferd seinem Vordermann hinterherlaufen kann. Du musst es zwar selbst ein wenig steuern, kannst dich aber trotzdem auf deinen Sitz konzentrieren. Der Reitlehrer steht in der Mitte der Bahn und gibt euch Anweisungen. Er wird auch weiterhin deinen Sitz korrigieren und außerdem Hufschlagfiguren ansagen. Diese Figuren sorgen dafür, dass ihr nicht immer nur außen herum reiten müsst, was auf die Dauer für Pferd und Reiter zu langweilig wäre. Achte genau auf die Kommandos und folge deinem Vordermann. Schon bald wirst du wissen, wie die einzelnen Figuren geritten werden. Bei vielen der Hufschlagfiguren wechselt die ganze Gruppe die Richtung, was in der Fachsprache Handwechsel heißt. Wenn ihr im Leichttraben die Hand wechselt, musst du daran denken, umzusitzen. Kurz bevor du die neue Richtung einschlägst, bleibst du sitzen, zählst eins-zwei und trabst wieder leicht. Vorher musst du natürlich durch einen Blick auf die äußere Pferdeschulter kontrolliert haben, ob du auch wirklich jedes Mal aufgestanden bist, wenn diese nach vorn schwingt.

In der Abteilung gehen die Pferde hintereinander her.

Die Hufschlagfiguren

Figuren ohne Handwechsel sind solche, bei denen man vorher in dieselbe Richtung reitet wie hinterher. Zu ihnen gehören Kreisfiguren wie Volte und Zirkel. Die Volte ist ein kleiner Kreis von etwa acht bis zehn Metern Durchmesser und der Zirkel ein großer Kreis, der die Hälfte des Reitplatzes einnimmt. Das Schwierige bei den Volten und Zirkeln ist, sie wirklich rund zu reiten, denn wenn man nicht aufpasst, werden leicht Ostereier daraus!

Diese Abteilung reitet auf dem Zirkel.

Die Bahnfiguren (eine andere Bezeichnung für Hufschlagfiguren) mit Handwechsel erkennst du daran, dass bei den meisten von ihnen das Wort „wechseln" vorkommt. Dein Reitlehrer kann zum Beispiel das Kommando geben: „Durch die ganze Bahn wechseln". Bei dieser Figur biegt in deiner Gruppe jeder Reiter nach dem Durchreiten der zweiten Ecke der kurzen Seite ab und reitet quer über den Reitplatz zur gegenüberliegenden Ecke. Eine ähnliche Figur ist „Durch die Länge der Bahn wechseln". Dabei biegt ihr in der Mitte der kurzen Seite ab und reitet geradeaus auf die gegenüberliegende kurze Seite zu. Auch der Wechsel von einem Zirkel auf den anderen gehört zu diesen Figuren.

Das Zusammen

so gelingt der

spiel der Hilfen –
Tempowechsel

Das Zusammenspiel der Hilfen

Die Zügelhilfen steuern die Vorhand des Pferdes und die Schenkel- und Gewichtshilfen die Hinterhand. Das lässt sich am besten am Beispiel der Volte erklären: Um auf die Volte abzubiegen, drehst du den Oberkörper. Dadurch entfernt sich der innere Zügel vom Pferdehals und der äußere Zügel liegt am Hals an. Damit hast du dann schon einmal die Vorhand des Pferdes auf die Kreislinie gebracht. Behalte die Drehung bei, damit die Vorhand weiterhin auf dieser Linie bleibt. Mit dem inneren Schenkel treibst du am Gurt, damit dein Pferd nicht stehenbleibt oder sich einfach einmal um sich selbst dreht. Der äußere Schenkel ist durch die Drehung deines Oberkörpers ein wenig hinter den Sattelgurt gerutscht. Mit dem inneren Schenkel erhältst du die Vorwärtsbewegung und der äußere passt auf, dass dein Pferd in der Kurve nicht sein Hinterteil nach außen schwenkt. Wird der Kreis zu klein, treibst du dein Pferd mit dem inneren Schenkel nach außen. Wird der Kreis zu groß oder zu eckig, treibst du es mit dem äußeren Schenkel nach innen.

Diese Volte wird perfekt!

Denk immer daran: Die Zügel steuern die Vorhand, die Schenkel steuern die Hinterhand.

KENNST DU DICH AUS MIT DEN ZÜGELHILFEN?

In der Theorie kennst du dich sicher gut aus mit den Zügelhilfen, aber dein Pferd verhält sich nicht wie im Lehrbuch. Wie reagierst du in folgenden Situationen?

1. Statt abzubiegen, macht dein Pferd nur den Hals krumm. Was machst du falsch?

2. Dein Pferd kürzt in der Reithalle immer die Ecken ab. Was kannst du tun, damit es tiefer in die Ecken geht?

3. Obwohl du dich drehst und perfekte Zügelhilfen gibst, biegt dein Pferd nicht ab. Was tust du?

4. Warum musst du verhindern, dass die Hinterbeine des Pferdes in der Kurve nach außen ausweichen, und wie machst du das?

5. Dein Pferd zieht so am Zügel, dass deine Arme immer länger werden. Was kannst du dagegen tun?

6. Mit welchem Bein musst du in einer Wendung stärker treiben? Mit dem inneren oder mit dem äußeren?

7. Deine Hände bewegen sich beim Reiten – vor allem im Schritt und in Galopp – immer ein wenig vor und zurück. Ist das gut oder schlecht?

8. Beim Leichttraben gehen deine Hände mit der Körperbewegung immer rauf und runter. Soll das so sein?

Die Auflösung findest du auf den Seiten 82–84.

Üben, üben, üben

Das Lenken kannst du am besten üben, wenn du in der Reitbahn ein paar Gegenstände verteilst. Das können Hindernisständer sein, aber auch Futtereimer, Wasserkanister oder Strohballen. Versuche, dein Pferd auf immer wechselnden Wegen um diese Gegenstände herumzusteuern. Für Pferde macht es mehr Sinn, um etwas herumzulaufen, als nur irgendwelche Kreise zu drehen. Du kannst dir zum Beispiel eine Slalomstrecke aufbauen oder jeden Gegenstand einmal von links und einmal von rechts umrunden.

Wenn das gut klappt, nimm die Zügel in eine Hand und probiere es im neck-reining, wie auf S. 55 beschrieben. Bei einem Pferd, das ans Westernreiten nicht gewöhnt ist, wirst du merken, dass du jetzt besonders deutliche Gewichts- und Schenkelhilfen geben musst.

Gegenstände wie diese Tonnen zu umrunden, macht für Pferde mehr Sinn, als nur in der Reitbahn Kreise zu ziehen. Ein Tonnenslalom ist eine gute Möglichkeit, das richtige Lenken zu üben.

Und wo ist die Bremse?

Du fragst dich jetzt sicher, wie du dein Pferd zum Stehen bringen sollst, ohne am Zügel zu ziehen. Auch hier musst du wieder deinen ganzen Körper einsetzen.

Anhalten im Schritt. Beim Reiten im Schritt wird dein Körper sanft hin und her geschaukelt, deine Beine fallen wechselseitig ans Pferd und deine Hände folgen seinen Kopfbewegungen. Um anzuhalten, stellst du all diese Bewegungen ein. Halte deine Hände ganz ruhig. Hör auf, den Rückenbewegungen des Pferdes zu folgen. Lass deine Beine bewegungslos am Pferdebauch liegen. Du musst so ruhig auf dem Pferd sitzen, als stünde es bereits. Wenn das nicht ausreicht, gibst du zusätzlich noch eine Zügelhilfe. Versuche es zuerst mit einem Schließen der Fäuste, als hättest du in jeder Hand einen kleinen nassen Schwamm, den du ausdrücken willst.

Die nächststärkere Hilfe ist das Eindrehen der Fäuste. Dabei drehst du die Fäuste aus dem Handgelenk so weit nach innen, dass deine Fingerknöchel zueinander zeigen. Deine Unterarme und Ellbogen bewegen sich dabei nicht. Falls dein Pferd dann immer noch nicht steht, lass dich nicht dazu verleiten, doch am Zügel zu ziehen. Wiederhole deine Hilfe und achte darauf, ganz still zu sitzen, als könntest du durch deinen ruhigen Sitz die Bewegungen des Pferderückens so unterdrücken, dass sie aufhören. Damit dein Pferd dich besser versteht, kannst du zusätzlich noch leise „Hoooh" oder „Haaalt" zu ihm sagen.

Anhalten im Trab. Vom Trab zum Halten durchzuparieren, ist schwieriger. Wenn du aus dem Trab anhalten willst, musst du vorher aussitzen. Ansonsten funktioniert es genauso wie im Schritt: Hände ruhig halten, Beine am Pferdebauch liegen lassen und aufhören, mit dem Hinterteil den Bewegungen des Pferderückens zu folgen. Lass dich schwer in den Sattel sinken. Vielleicht hilft dir die Vorstellung, dass du die Schwingungen des Rückens „plattsitzen" kannst.

Zum Bremsen schließt du die Fäuste, als hättest du in jeder Hand einen nassen Schwamm, den du ausdrücken willst.

Tempowechsel

Ganz ähnlich gehst du vor, wenn du nur das Tempo drosseln willst. Lass uns auch hier wieder im Schritt anfangen.

Verlangsamen im Schritt. Um dein Pferd zu einem langsameren Schritt zu bewegen, gehst du genauso vor wie zum Anhalten. Aber sobald dein Pferd reagiert und anhalten möchte, nimmst du die Bewegung deines Körpers und deiner Hände wieder auf und fängst wieder an zu treiben. Dieses „Anbremsen", das in der Fachsprache als halbe Parade bezeichnet wird, wiederholst du jedes Mal, wenn dein Pferd wieder anfängt, zu schnell zu werden.

Verlangsamen im Trab. Im Trab funktioniert es genauso. Beim Aussitzen lässt du die Hände ruhig stehen, schließt die Zügelfäuste (denk an den Schwamm!) und sinkst tief in den Sattel. Sobald dein Pferd das gewünschte Tempo erreicht hat, entspannst du deine Fäuste wieder und folgst erneut den Schwingungen des Pferderückens. Das funktioniert auch im Leichttraben. Zwar kannst du dabei die Schwingungen nur schlecht unterdrücken, weil du ja die Hälfte der Zeit in der Luft bist. Aber hier gibt es einen anderen Trick. Wenn du langsamer traben willst, trabe einfach langsamer leicht. Geh langsam hoch, zögere oben kurz und setz dich ebenso langsam wieder hin. Dein Leichttraben gibt dem Pferd den Takt vor, in dem es traben soll. Natürlich musst du auch die Stärke deiner Schenkelhilfen entsprechend verringern. Umgekehrt funktioniert das genauso gut. Um den Trab zu beschleunigen, trabst du schneller und energischer leicht und verstärkst auch deinen Schenkeldruck.

Ein gut ausgebildetes Dressurpferd lässt sich im Tempo so weit zurücknehmen, dass es auf der Stelle trabt. Diese Übung nennt man Piaffe.

Denk immer daran: Schnelleres oder langsameres Mitschwingen in der Bewegung macht das Pferd schneller oder langsamer.

Um die halben Paraden im Galopp zu üben, solltest du das Tempo zuerst ein wenig erhöhen. Sonst kann es passieren, dass dein Pferd statt langsamer zu galoppieren, wieder in den Trab fällt.

Verlangsamen im Galopp. Im Galopp ist es sehr schwierig, das Tempo zu verringern, weil es nur sehr gut gerittene Pferde schaffen, kleinere Galoppsprünge zu machen. Die meisten Pferde fallen wieder in den Trab, wenn man versucht, sie langsamer galoppieren zu lassen. Wenn du ein solches Pferd reitest, solltest du zunächst das Tempo etwas erhöhen, indem du energischer in die Galoppbewegung eingehst und etwas stärker treibst. Versuche dann, das Tempo wieder zu drosseln, ohne dass dein Pferd in den Trab fällt.

BALLSPIELEN KANN HELFEN!

Um besser zu verstehen, wie das mit dem schnellen und langsamen Sitzen funktioniert, kann ein Basketball (oder jeder andere Ball, der gut springt) hilfreich sein. Lass den Ball mit einer Hand aufhüpfen. Du wirst merken, dass er schneller springt, wenn du deine Hand schnell auf und ab bewegst, und langsamer, wenn du betont langsam dribbelst. Jetzt stell dir vor, der Basketball ist dein Pferd und deine Hand dein Hinterteil im Sattel.

Praxistipp

Tipps für die Reitstunde

Durcheinander reiten. In vielen Reitschulen ist es üblich, dass der Reitlehrer seine Schüler zu Beginn des Unterrichts eine Viertelstunde durcheinander reiten lässt, bevor er sie auffordert, eine Abteilung zu bilden. Dieses Durcheinanderreiten gibt dir die Gelegenheit, Dinge zu üben, die du beim Abteilungsreiten nicht machen kannst. Überleg dir vor jeder Reitstunde, was du üben willst. Wie wäre es mit Übergängen vom schnellen zum langsamen Schritt? Oder dem Anhalten aus dem Trab? Oder Bremsübungen im Galopp? Konzentriere dich aber nicht so stark auf dein Pferd, dass du die anderen Reiter um dich herum vergisst. Beim Durcheinanderreiten wird dir öfters ein anderer Reiter entgegenkommen. Wenn das passiert, bist du vielleicht derjenige, der nach rechts ausweichen muss. Die Regel lautet: Linke Schulter an linker Schulter vorbei. Weiche rechtzeitig aus, sonst könnte es passieren, dass eure Knie schmerzhaft aneinanderstoßen! Außerdem musst du daran denken, dass du im Schritt den Hufschlag verlassen musst. Wer Schritt reitet, muss auf den zweiten Hufschlag ausweichen. Der erste Hufschlag führt außen an der Wand oder am Zaun des Reitplatzes herum, und der zweite liegt etwa zwei Meter weiter innen.

Bei Gegenverkehr gibt es eine einfache Regel: Linke Schulter an linker Schulter vorbei.

Hintereinander reiten. Wenn euer Reitlehrer dann anordnet, dass ihr eine Abteilung bilden sollt, wird er zunächst einen Anfangsreiter bestimmen, der auch Tetenreiter genannt wird. Gibt der Lehrer keine anderen Anweisungen, könnt ihr euch in beliebiger Reihenfolge dem Tetenreiter anschließen.

Das Reiten in der Abteilung hat den Vorteil, dass der Reitlehrer alle Schüler im Blick hat und Fehler sofort korrigieren kann. Es hat aber auch einen Nachteil: Pferde sind Herdentiere und neigen dazu, immer das zu machen, was die Herde macht. Die Herde gibt ihnen Sicherheit – mehr Sicherheit als der Reiter auf ihrem Rücken. Es kann also gut sein, dass dein Pferd einfach hinter seinem Vordermann hertrottet, ohne sich um deine Hilfen zu kümmern. Das fällt besonders auf, wenn der Lehrer von jedem von euch eine Einzelaufgabe verlangt. Ein Beispiel: Die Abteilung geht im Schritt. Der erste Reiter trabt an, reitet an der nächsten langen Seite eine Volte, galoppiert aus der Volte an, reitet eine Runde auf dem Zirkel, pariert an der kurzen Seite wieder zum Trab durch und schließt sich hinten an. Dann ist der nächste an der Reihe und so weiter. Irgendwann wird auch dein Vordermann antraben, und wahrscheinlich wird dein Pferd mitlaufen wollen. Es möchte seinem Herdentrieb folgen und fürchtet sich, die Sicherheit zu verlieren, die das Leittier ihm geboten hat. Diese Sicherheit musst du ihm jetzt vermitteln. Wenn dein Pferd seinen Schritt beschleunigt, sitzt du besonders ruhig und bremst es durch wiederholtes Schließen der Fäuste. Du kannst auch leise mit ihm reden. Erzähl ihm, dass das alles gar nicht schlimm ist und dass es noch einen kleinen Moment warten muss. Wenn du dann antrabst, konzentriere dich auf den ersten Teil der Aufgabe, die Volte. Geh schon am Anfang der langen Seite in Gedanken deine Hilfengebung durch wie eine

Hier ist das Abwenden zur Volte gut zu erkennen.

Checkliste. Oberkörper drehen. Der innere Zügel löst sich vom Hals, der äußere liegt an. Innerer Schenkel am Gurt, der äußere hinter dem Gurt. In dem Augenblick, in dem der Kopf des Pferdes nach der Volte die Bande oder den Zaun erreicht, verstärkst du den Druck des außen liegenden Schenkels und galoppierst an. Setz dich tief in den Sattel, wische ihn bei jedem Galoppsprung mit deinem Hosenboden aus und vergiss nicht, bei jedem Sprung ein wenig mit den Zügeln nachzugeben. Die nächsten beiden Ecken darfst du abrunden, weil du ja bereits bei deiner Zirkelrunde bist. Schwierig wird das Abbiegen auf den offenen Teil der Zirkelrunde. Dein Pferd wird auf dem Hufschlag bleiben wollen, um möglichst schnell zu seiner Herde zurückzulaufen. Jetzt darfst du auf keinen Fall am inneren Zügel ziehen! Dreh dich deutlich nach innen, damit der äußere Zügel stramm am Hals anliegt, und treibe verstärkt mit dem inneren Schenkel. Bleib in dieser Haltung, bis du kurz vor dem Punkt an der Mitte der kurzen Seite angekommen bist, an dem du wieder zum Trab durchparieren sollst. Hier setzt du dich schwer in den Sattel und hörst auf, mit deinen Händen jeden Galoppsprung nach vorn herauszulassen. Lass keinen einzigen mehr heraus. Dein Pferd wird in den Trab fallen. Fang sofort wieder an, mit der Bewegung mitzuschwingen und trabe ans Ende der Abteilung. Pariere dein Pferd rechtzeitig zum Schritt durch, damit es nicht in seinem Eifer auf das Vorderpferd aufläuft. Wenn du glücklich wieder gelandet bist, vergiss nicht, dein Pferd zu loben.

Abstand halten. Eine weitere Schwierigkeit beim Reiten in der Abteilung ist das Einhalten des richtigen Abstands. Allein aus Gründen der Sicherheit sollte zwischen allen Pferden jeweils eine Pferdelänge Abstand liegen. Nur so kannst du sicher sein, dass dein Pferd – und auch du – nicht getroffen werden, falls das Pferd vor euch plötzlich ausschlagen sollte. Der Abstand ist richtig, wenn du zwischen den Ohren deines Pferdes hindurch

Wer in der Abteilung reitet, muss auf einen ausreichenden Abstand zum Vordermann achten.

die Sprunggelenke des Vorderpferdes sehen kannst. Die Sprunggelenke sind die großen Gelenke, die sich ungefähr in der Mitte der Hinterbeine befinden. In den meisten Fällen wirst du das Problem haben, dass der Abstand zu klein ist. In der Natur gehen Pferde so dicht wie möglich hintereinander her – am liebsten so dicht, dass ihr Kopf fast den Schweif des Vorderpferds berührt. Das darf beim Reiten nicht sein. Nicht nur wegen der Gefahr des Ausschlagens, sondern weil es auch passieren kann, dass das hintere Pferd dem vorderen in die empfindlichen Ballen der Hufe tritt und es dort verletzt.

Um den Abstand auszugleichen, kannst du die Ecken nutzen. Natürlich könntest du bei einem zu kleinen Abstand auch versuchen, langsamer zu reiten, aber dann haben alle, die hinter dir reiten, plötzlich dasselbe Problem wie du, und die ganze Abteilung käme ins Stocken. Wenn der Abstand zu klein ist, reitest du die nächste Ecke einfach deutlich tiefer aus, als es der Reiter vor dir tut. So verschaffst du dir etwas mehr Platz. Auch einen zu großen Abstand kannst du in der Ecke wieder ausgleichen. Kürze die Ecke einfach etwas ab, damit du wieder Anschluss an deinen Vordermann gewinnst.

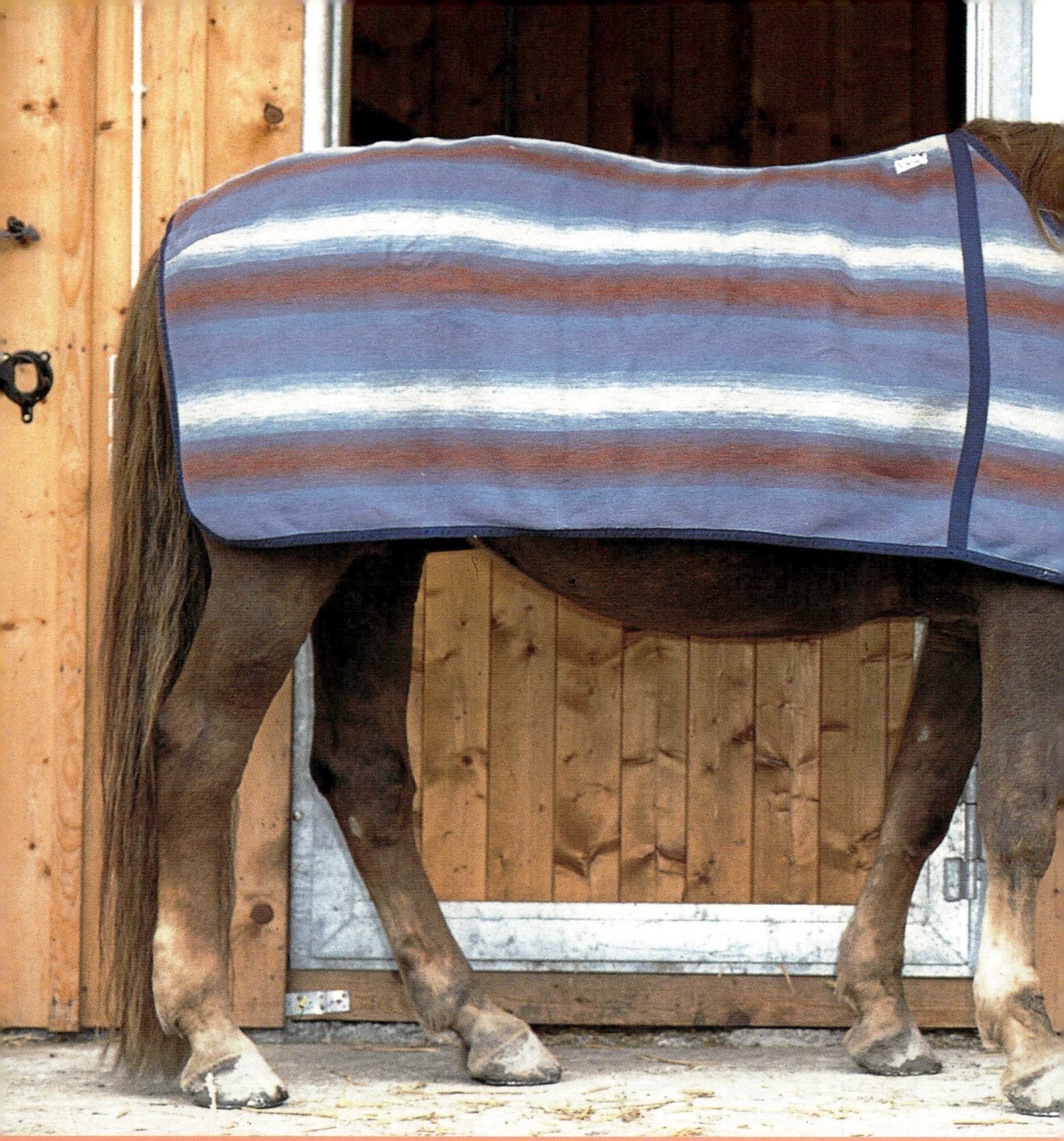

Geschafft

jetzt kommt die

und glücklich –
Pflege danach

Die Pflege danach

Alle absitzen

Am Ende der Reitstunde wird der Reitlehrer von euch verlangen, dass ihr euch nebeneinander mit euren Pferden auf der Mittellinie aufstellt. Auch hier musst du darauf achten, dass zwischen deinem Pferd und denen rechts und links von dir eine Pferdelänge Zwischenraum ist. Zum Absitzen – das in streng geführten Reitschulen manchmal sogar auf Kommando verlangt wird – nimmst du als Erstes beide Füße aus den Steigbügeln. Nimm die Zügel in die rechte Hand, schwing das rechte Bein über das Hinterteil des Pferdes (= die Kruppe) und lass dich an seiner linken Seite herunterrutschen. Bei einem sehr großen Pferd musst du beim Abspringen die Zügel loslassen. Greif aber mit der rechten Hand danach, sobald du gelandet bist. Wenn du ein Pony reitest, kannst du beim Absitzen die Zügel in der Hand behalten. Als Nächstes schiebst du die Steigbügel an den unteren Riemen hoch, damit sie deinem Pferd auf dem Weg zum Absatteln nicht gegen den Bauch schlagen. Steck die Enden der Riemen einmal durch die Steigbügel,

Nach der Reitstunde stellen sich die Reitschüler in einer Reihe vor dem Reitlehrer auf.

damit sie nicht gleich wieder herunterrutschen. Da du dein Pferd nicht festhalten kannst, während du mit den Steigbügeln beschäftigt bist, steck einfach einen Arm durch den Zügel. Um auch den rechten Steigbügel hochzuschieben, wechselst du vor dem Pferdekopf auf die andere Seite. Auch hier schiebst du wieder einen Arm – diesmal den rechten – durch den Zügel, damit dein Pferd nicht wegläuft. Dann führst du es in den Stall. Wenn du allein in der Halle oder auf dem Reitplatz üben willst, führe es zum Auf- und Absitzen in die Mitte eines Zirkels. Hier stehst du den anderen Reitern, die den Platz oder die Halle benutzen, nicht im Weg.

Zum Absitzen lässt du dich an der linken Pferdeseite herunterrutschen.

Die Pflege danach

Absatteln. In der Box angekommen, nimmst du deinem Pferd zuerst den Sattel ab. Löse den Sattelgurt. Jetzt kannst du einmal ums Pferd herumlaufen und den Gurt von rechts über die Sitzfläche des Sattels legen. Du kannst aber auch den Sattel abnehmen und dicht am Pferdebauch entlang nach unten führen. Dann fällt der Sattelgurt wie von Zauberhand quer über die Sitzfläche. Lass den Sattel nicht einfach ins Stroh fallen, sondern leg ihn irgendwo ab, zum Beispiel auf der Kante der Boxentür. Wenn du ihn ins Stroh legst, könnten die Halme an der Satteldecke haften bleiben und schlimme Druckstellen verursachen, wenn dein Pferd das nächste Mal gesattelt wird. Bei einer vergitterten Box ohne Ablagemöglichkeiten bleibt dir keine andere Wahl, als den Sattel vor der Tür auf der Stallgasse abzulegen. Stell ihn hochkant auf den vorderen Rand, damit die Satteldecke nicht mit dem Stallschmutz in Berührung kommt.

Schieb den Stirnriemen mit Gefühl über die Ohren, das Gebiss gleitet aus dem Maul.

Abtrensen. Zum Abtrensen musst du den Nasenriemen und den Kehlriemen aufschnallen. Dann legst du die Zügel auf das Genickstück und streifst die Trense samt Zügel vorsichtig vom Kopf. Geh dabei langsam vor, weil manche Pferde eine Weile brauchen, bis sie das Maul aufmachen und das Gebiss loslassen. Die Trense kannst du dir über die Schulter hängen. So hast du die Hände frei, um dich bei deinem Pferd zu bedanken. Wenn es in deinem Stall erlaubt ist, kannst du ihm zur Belohnung für die Reitstunde auch ein Pferdeleckerli, eine Möhre oder einen Apfel, geben.

Bevor du den Sattel aufhebst, um ihn in die Sattelkammer zu bringen, vergiss nicht, die Boxentür zu verriegeln – auch wenn du vorhast, gleich wiederzukommen. In der Sattelkammer oder am nächsten Wasserhahn solltest du das Trensengebiss abwaschen. Häng Sattel und Trense an denselben Platz, von dem du sie geholt hast. In einem gepflegten Reitstall sind die Sattelböcke und Trensenhalter mit Namensschildern versehen, damit jeder Reitschüler weiß, wo er die Ausrüstung für sein Schulpferd finden kann. Die Sättel und Trensen dürfen nicht vertauscht werden, weil sie genau an das jeweilige Pferd angepasst sind. Einen fremden Sattel oder eine falsche Trense tragen zu müssen, ist für ein Pferd genauso unangenehm, als müssten wir mit zu großen oder zu kleinen Schuhen herumlaufen.

Auch nach dem Reiten müssen die Hufe ausgekratzt und kontrolliert werden.

Hufe auskratzen. Wenn alles weggeräumt ist, solltest du noch einmal zu deinem Pferd gehen und ihm die Hufe auskratzen. Das hast du zwar schon vor dem Reiten gemacht, aber jetzt hat sich der Bodenbelag der Reithalle in seinen Hufen festgetreten. Und wenn du draußen geritten bist, musst du kontrollieren, ob sich keine Steine in den Hufen festgesetzt haben. Bei einem beschlagenen Pferd kannst du dir auch gleich die Hufeisen ansehen. Wenn sie sehr dünn gelaufen sind, wackeln oder womöglich schon in der Mitte durchgebrochen sind, musst du deinem Reitlehrer Bescheid sagen. Er wird dafür sorgen, dass der Hufschmied kommt und deinem Pferd neue Eisen aufnagelt. Aber auch bei einem Pferd, das keine Hufeisen trägt, gibt es einiges, auf das du achten kannst. Sind Stücke aus der Hufwand ausgebrochen? Sind die beiden Furchen rechts und links des Strahls so zugewachsen, dass man gar nicht mehr weiß, wo man auskratzen soll? Kommt beim Auskratzen nur Erde, Stroh und frischer Mist heraus oder auch etwas Schwarzes, Schmieriges, das nach altem Käse stinkt? Wenn du einen solchen Mangel entdeckst, muss dein Reitlehrer es wissen, denn auch hierfür muss er den Schmied kommen lassen.

Nach dem Reiten wird das Pferd wieder auf die Weide geführt.

Nach dem Hufeauskratzen solltest du dich von deinem Pferd verabschieden. Nachdem es eine oder zwei Stunden gearbeitet hat, möchte es jetzt seine Ruhe haben. Die findet es im Stall oder auch auf der Weide. Wenn du noch nicht nach Hause willst, sieh doch den anderen Reitern in der Halle oder auf dem Platz zu. Auch durch Zuschauen kann man viel lernen.

ANHANG

Testauflösungen

Fragen rund um die erste Reitstunde

Auflösung von Seite 27

1. Für die ersten Reitstunden brauchst du dir noch keine Reithose und auch keine Reitstiefel anzuschaffen. Diese Sachen sind nicht billig, und solange du noch nicht weißt, ob das Reiten wirklich der richtige Sport für dich ist, kannst du auch in Leggins zum Reitunterricht gehen. Du kannst natürlich auch jede andere bequeme Hose anziehen – nur Jeans sind nicht so geeignet, weil die Nähte an der Innenseite am Bein scheuern. Bei den Schuhen solltest du darauf achten, dass sie einen kleinen Absatz haben. Turnschuhe sind ungeeignet, weil du mit ihnen zu leicht durch den Steigbügel rutschen kannst. Es gibt allerdings etwas, was du schon in der ersten Reitstunde brauchst: einen Helm. Wenn du noch keine Reitkappe hast, kannst du auch einen Fahrradhelm aufsetzen.

2. Das Auskratzen der Hufe ist nötig, weil Hauspferde (im Gegensatz zu Wildpferden) geritten werden, was die Hufe stärker beansprucht. Dazu kommt noch, dass unsere Pferde nicht so viel herumwandern können wie Wildpferde es tun. Sie stehen im Stall oder auf der Weide, und es lässt sich nicht immer vermeiden, dass sie in ihre eigenen Pferdeäpfel treten. Wildpferde ziehen einfach weiter, wenn eine Weidefläche verschmutzt ist, aber unsere Reitpferde können das nicht.

3. Gesattelt wird natürlich von links, denkst du jetzt sicher. Bei Pferden macht man doch fast alles von links. Satteln kann man ein Pferd aber auch von rechts. Das hat den Vorteil, dass man während des Sattelns nicht zweimal ums Pferd herumlaufen muss, sondern nur einmal. Beim Satteln von links musst du auf die rechte Seite gehen, nachsehen, ob dort alles richtig liegt und den Sattelgurt von der Sitzfläche nehmen. Dann kehrst du auf die linke Pferdeseite zurück und schnallst den Gurt zu. Legst du den Sattel aber von rechts auf, kannst du sofort kontrollieren, ob dort alles richtig sitzt und den Gurt herunternehmen. Nach der Kontrolle auf der linken Seite kannst du dann gleich angurten.

4. Nein, es gibt keinen zwingenden Grund, von links aufzusitzen. Dass das heute noch so üblich ist, stammt noch aus der Zeit, als die berittenen Soldaten ihre Säbel an der rechten Hüfte hängen hatten. Probier ruhig einmal aus, von rechts aufzusitzen – es ist zwar ungewohnt, aber mit etwas Übung wirst du es bald von beiden Seiten gleich gut können.

5. Natürlich kann man ein Pferd auch von rechts führen. Aber da die meisten Menschen Rechtshänder sind, fühlen sie sich einfach wohler, wenn sie Zügel oder Führstrick mit der rechten Hand festhalten.

6. Viele Reitlehrer sind sehr laut. Das wird einem besonders bewusst, wenn man nicht selbst reitet, sondern nur zuschaut. Aber wenn du selbst Reitunterricht nimmst, ist dir sicher schon aufgefallen, dass man sich dabei so sehr auf sein Pferd und seinen Sitz konzentriert, dass man kaum noch etwas anderes mitbekommt – und leise gemurmelte Anweisungen schon gar nicht. Solange du noch auf der Suche nach der richtigen Reitschule bist und nur zuschaust, solltest du darauf achten, was der Reitlehrer sagt. Laute, aber sachliche und umsetzbare Anweisungen sind in Ordnung. Aber wenn der Reitlehrer viel schimpft oder seine Schüler gar beleidigt, musst du dir überlegen, ob du dir so etwas gefallen lassen willst.

7. Wenn es in deiner Reitschule erlaubt ist, darfst du deinem Schulpferd eine Belohnung mitbringen. In machen Reitschulen ist das verboten, weil die Besitzer befürchten, dass die Pferde dann von jedem Reiter einen Leckerbissen verlangen. Manche Pferde werden dabei so aufdringlich, dass sie anfangen zu beißen oder den Reitschülern an der Kleidung herumzuzerren. Wenn das Füttern aber erlaubt ist, mach es eher unauffällig, damit kein Futterneid bei den anderen Pferden ausbricht.

8. Man kann nicht grundsätzlich sagen, dass Ponys artiger sind als Großpferde. Es gibt sehr liebe große Pferde und auch sehr bockige Ponys! Viel wichtiger als die Größe des Pferdes ist seine Haltung. Pferde und Ponys, die viel draußen sind und vielleicht sogar das ganze Jahr über in einem Offenstall leben, sind meistens viel ruhiger und ausgeglichener als Pferde und Ponys, die im Stall gehalten werden. Die Offenstallpferde scheuen weniger, weil sie viel zu sehen bekommen. Außerdem staut sich bei ihnen der Bewegungsdrang nicht auf. Wenn sie Lust haben, ein wenig zu rennen, dann können sie das jederzeit tun. Ein Stallpferd oder -pony hat diese Möglichkeit nicht. Es kann nur rennen, wenn man es herausholt. Vorausgesetzt, es sitzt kein Reiter auf seinem Rücken!

9. Nein, der Spiegel in der Reithalle ist nicht dafür gedacht, dass sich eingebildete Leute darin bewundern können. Er hängt dort, damit du auch dann prüfen kannst, ob du korrekt sitzt, wenn du ohne Reitlehrer trainierst. Ein kurzer Blick in den Spiegel verrät dir, ob du gerade sitzt, ob deine Beine richtig liegen und so weiter. In manchen Reithallen hängen kleine Spiegel rechts und links an der kurzen Seite. Die sind besonders praktisch, weil man sich auf der ganzen langen Seite von vorn betrachten kann. So kann man prima kontrollieren, ob man auf dem richtigen Fuß leichttrabt oder ob das Pferd richtig angaloppiert ist – und niemand merkt es, weil man nicht auf die Pferdeschulter schauen muss!

Wie viel kannst du schon?

Auflösung von Seite 38

6–8-mal Ja: Wie viele Longenstunden hattest du bisher? Zehn? Zwölf? Du bist ein Naturtalent und wirst bestimmt einmal ein toller Reiter!

4 Mal Ja, 4 Mal Nein: Du bist ein normal begabter Reiter, aber du kannst es genauso weit bringen wie das Naturtalent. Allerdings wird es dich ein wenig mehr Mühe kosten.

Mehr Nein als Ja: Du lernst zwar langsam, aber dafür umso gründlicher. Lass dich nicht entmutigen. Oft werden aus denen, die sich zu Anfang etwas schwer tun, die besten und einfühlsamsten Reiter.

Alles klar mit den Schenkelhilfen?

Auflösung von Seite 51–52

1. Antwort b ist richtig. Einfach irgendwie zu treiben ist nicht nur nutzlos, es stumpft dein Pferd auch ab. Wenn du ständig auf seinem Bauch herumdrückst, wird es irgendwann nicht mehr darauf achten. Auch ein anderes Pferd löst das Problem nicht, weil du bei jedem Pferd erneut den richtigen Takt zum Treiben finden musst.

2. Antwort c ist richtig. Auch wenn du auf der Weide reitest, reitest du doch entweder links- oder rechtsherum und musst deshalb auch auf dem linken oder rechten Hinterfuß leichttraben.

3. Antwort a ist richtig. Versuch deine Beine so locker am Sattel liegen zu lassen, dass du entspannt den Bewegungen des Pferderückens folgen kannst. Wenn dir das schwer fällt, übe das Aussitzen nur kurz und trabe zwischendurch zur Entspannung immer wieder leicht.

4. Antwort c ist richtig. Zum Angaloppieren musst du den Trab aussitzen, und das ist im Renntrab sehr schwierig. Dazu kommt noch, dass es den Pferden sehr schwer fällt, aus dem schnellen Trab doch noch in den Galopp zu finden. Bremse dein Pferd also wieder ab und gib erneut eine Galopphilfe, aber diesmal mit Unterstützung durch die Gerte.

5. Antwort a ist richtig. Wenn ein Pferd auf einer Seite immer wieder falsch angaloppiert, nützt es nichts, es zu bestrafen. Du musst es durch viele Wendungen im Schritt und Trab erst so biegsam und geschmeidig machen, bis es auf seiner „schlechten“ Seite genauso stark und geschickt ist wie auf der „guten“ Seite.

6. Antwort b ist richtig. Bei allen Hufschlagfiguren mit Handwechsel musst du beim Leichttraben umsitzen, sobald du dein Pferd in die neue Richtung abwendest. Beim Wechsel durch die ganze Bahn geschieht das etwa eine Pferdelänge vor dem Wechselpunkt. Du kannst aber auch schon in dem Moment umsitzen, in dem du über den Mittelpunkt der Bahn reitest.

Kennst du dich aus mit den Zügelhilfen?

Auflösung von Seite 61

1. Du hast doch wieder versucht, dein Pferd am inneren Zügel um die Kurve zu ziehen! Das funktioniert nicht. Dein Pferd biegt zwar den Kopf in die gewünschte Richtung, aber sein Körper geht geradeaus weiter oder driftet sogar in die entgegengesetzte Richtung. Um es richtig zu machen, musst du deinen Oberkörper in die neue Richtung drehen, wodurch sich der innere Zügel vom Hals löst und der äußere am Hals anliegt. Mit dem inneren Schenkel treibst du dann dein Pferd in die Wendung, während der hinter dem Sattelgurt liegende äußere Schenkel aufpasst, dass die Hinterhand nicht nach außen ausweicht.

2. Um dein Pferd tiefer in die Ecken zu reiten, nimmst du den inneren Zügel stärker an und treibst energisch mit dem inneren Schenkel. Denn du weißt: der Zügel steuert die Vorhand und die Schenkel steuern die Hinterhand. Wenn du den inneren Zügel am Hals anlegst, wird dein Pferd ihm ausweichen – direkt in die Ecke hinein. Dasselbe gilt für den inneren Schenkel.

3. Dein Pferd ist ein bisschen dickfellig. Wenn es so tut, als würde es deine Hilfen nicht verstehen, musst du sie deutlicher geben. Behalte deine Gewichts- und Schenkelhilfen bei und führe die innere Hand so weit zur Seite, wie es geht. Zieh den Zügel aber dabei nicht nach hinten – nur zur Seite! Wenn das nicht ausreicht, kannst du deinem Pferd zusätzlich mit dem weit ausgestreckten Arm, in dem du auch die Gerte hältst, einen Klapps auf den Hintern geben.

4. Die Hinterbeine des Pferdes sollen möglichst in derselben Spur laufen wie seine Vorderbeine. Von Natur aus sind Pferde ein wenig schief und treten mit den Hinterbeinen immer etwas neben die Spur. Das Ziel des Dressurreitens ist, die Pferde so zu trainieren, dass sie vollkommen ausbalanciert sind und mit beiden Hinterbeinen den gleichen Anteil vom Gewicht tragen. Das sieht nicht nur schöner aus, sondern sorgt auch dafür, dass die Pferdebeine gleichmäßig belastet werden. Würde man nicht darauf achten, wäre ein Hinterbein des Pferdes stärker belastet als das andere, und irgendwann fängt das Pferd dann auf seinem überlasteten Bein an zu lahmen. Um das zu verhindern, musst du in Wendungen mit dem hinter dem Gurt liegenden Schenkel aufpassen, dass die Hinterhand nicht nach außen ausweicht. Sobald das passiert, ermahnst du dein Pferd mit leichtem Schenkeldruck, mit der Hinterhand wieder auf die Spur der Vorderbeine zurückzukehren.

5. Lass die Zügel länger. Wenn dein Pferd so an den Zügeln zieht, dass deine Arme langgezogen werden wie Kaugummi, dann hast du sie zu kurz gefasst. Setz dich aufrecht in den Sattel, lass die Oberarme senkrecht herunterhängen und winkle die Ellbogen leicht an. Nimm die Zügel nur so kurz, dass du diese Haltung beibehalten kannst.

6. Mit dem inneren Bein. Der innere Schenkel sorgt dafür, dass sich dein Pferd biegt und dass es weiterläuft. Der äußere Schenkel ist nur eine Art Aufpasser, der hinter dem Sattelgurt liegt und nur zum Einsatz kommt, wenn das Pferd die Wendung zu groß macht oder mit der Hinterhand ausfällt.

7. Das ist sehr gut! Deine Hände folgen den Bewegungen des Pferdekopfes, die im Schritt und Galopp besonders deutlich sind. Das ist für das Pferd sehr angenehm, denn bei einer starren Handhaltung würde es für jeden seiner Schritte mit einem kleinen Ruck im Maul bestraft.

8. Nein, das soll nicht so sein! Wenn sich beim Leichttraben deine Hände auf und ab bewegen, ziehst du deinem Pferd jedes Mal beim Hochkommen im Maul. Im Schritt und Galopp solltest du versuchen, den Bewegungen des Pferdekopfes mit den Händen zu folgen. Dabei gehen die Hände aber nicht hoch und runter, sondern nur ein kleines bisschen vor und zurück. Im Trab bewegt sich der Pferdekopf kaum. Hier solltest du versuchen, deine Hände genauso ruhig zu halten.

Bildnachweis: u=unten, o=oben

J. Christen/Kosmos: 19
Felix von Döring/Kosmos: 16
Ramona Dünisch, Niedernhall: 13o., 13u., 22, 26, 28o., 37, 44, 46, 50, 54o., 54u., 60, 66, 67, 72, 73
Christoph Salata/Kosmos: 10/11, 20o., 24/25, 32, 33, 43, 57, 70/71, 74o., 74u., 76/77
Bernd Schellhammer, Großstadelhofen: 9, 17, 35, 45, 53, 55
Christiane Slawik, Würzburg: 8, 12, 14, 20u. re., 39
Agentur Sorrel, Aichhalden: 3, 4/5, 7o., 18, 21, 29, 30, 31u., 34, 36, 40/41, 48, 49, 56, 58/59, 65, 69, 75
Horst Streitferdt/Kosmos: 15
Sabine Stuewer, Darmstadt: 7u., 20u. li., 28u., 31o., 62, 63, 64

Umschlaggestaltung von DOPPELPUNKT Auch & Grätzbach GbR, Leonberg, unter Verwendung eines Fotos von Angelika Schmelzer (vorne) und Christoph Salata (hinten)

Bibliografische Information der Deutschen Bibliothek
Die Deutsche Bibliothek verzeichnet diese Publikation in der Deutschen Nationalbibliografie; detaillierte bibliografische Daten sind im Internet über http://dnb.ddb.de abrufbar.

KOSMOS Postfach 106011
D-70049 Stuttgart
TELEFON +49 (0)711-2191-0
FAX +49 (0)711-2191-422
WEB www.kosmos.de
E-MAIL info@kosmos.de

Dieses Buch folgt der neuen Rechtschreibung.

Gedruckt auf chlorfrei gebleichtem Papier

1. Auflage

ISBN 3-440-09819-2
Redaktion: Ina Pfitzer
Grundlayout und Satz: DOPPELPUNKT Auch & Grätzbach GbR, Leonberg
Produktion: Ralf Paucke
Printed in the Czech Republic / Imprimé en République Tchèque

KOSMOS

Erlebnis Pferde

Pferde verstehen – Reiten lernen

Simone Wiemken
Du und dein Pferd
So werdet ihr Freunde

80 S., 70 Abb., geb.
ISBN 3-440-09013-2
€ 9,90; €/A 10,20; sFr 17,40

Wie kann ich mein Pferd verstehen lernen? Und wie versteht es mich? Hier findest du Tipps und Übungen für den freundschaftlich-fairen Umgang mit deinem Pferd.

Simone Wiemken
Du und dein Pferd
So habt ihr Spaß im Gelände

80 S., ca. 60 Abb., geb.
ISBN 3-440-09514-2
€ 9,90; €/A 10,20; sFr 17,40

Was muss ich trainieren, bevor ich losreite? Draußen ist alles anders, aber mit vielen Praxistipps und Übungen wird der Traum vom Reiten in der Natur Wirklichkeit!

www.kosmos.de

Preisänderung vorbehalten

KOSMOS
Pferde-Internat
ROSENBERG
Dagmar Hoßfeld
Alles wegen Daniel